DU

DRAPEAU BLANC

ET DE LA

PROCLAMATION DE CHAMBORD

PARIS
CHEZ F. WATTELIER ET Cie, EDITEURS

1872

Respectueux hommage
de l'auteur

Henri de Bornier

PRÉFACE.

Les manifestes des princes ont toujours éveillé l'attention publique; l'opinion de tous se divise à leur égard excitant tantôt les haines et les colères, tantôt l'indifférence et le mépris. Depuis 89 jusqu'à nos jours les manifestes princiers ont été nombreux, mais tous, lorsqu'on les considère de près, ont été de vulgaires appels de prétendants à l'exception de ceux du comte de Chambord. Les plus odieux et les plus machiavéliques de tous, sont ceux de l'homme de Sédan. Cette odieuse figure de conspirateur et de parjure, ce César du bas-empire était doué du don de mentir. Ses manifestes suent le mensonge et l'hypocrisie. Ou il mentait, ou il enveloppait tellement sa pensée que nul ne pouvait la saisir ni la comprendre. Tous ses discours, tous ses manifestes cachent un mépris de l'homme incroyable; on dirait que ce César trouvait que l'humanité n'était faite que pour être dupée.

Cet homme disparu, ses successeurs ont suivi de si belles traditions. Pas une proclamation au peuple qui soit vraie, ou qui ne cache quelque faux-fuyant ; pas un discours où la vérité apparaisse dans sa belle nudité.

Aussi l'opinion du public saturée de duperies, de mensonges, d'habiletés de langage, a-t-elle accueilli, avec un étonnement d'admiration, les nobles paroles du comte de Chambord. Enfin, s'est-on dit, voilà un prince qui ne ment pas. Ceux même qui détestent son principe, ses ennemis de toute sorte, ont rendu hommage à sa loyauté; tous se sont inclinés avec respect devant lui et l'ont proclamé un honnête homme, titre rare aujourd'hui, surtout chez les princes qui se sont laissés envahir par l'esprit astucieux et bysantin du siècle. Ceux qui ont lu tous les discours et tous les manifestes passés éprou-

vent à la lecture de celui d'Henri V le même soulagement que ressent le voyageur qui, après avoir longtemps cheminé dans l'obscurité et le demi-jour, et dans des lieux où la poitrine est suffoquée, se trouve subitement transporté au grand jour et en plein soleil; sa poitrine se dilate, il respire avec bonheur, et la beauté du ciel, la pureté de l'air qu'il respire lui font trouver plus noires et plus étouffantes les ténèbres qu'il vient de quitter. C'est à analyser ce beau manifeste, et à dissiper les préjugés qu'il soulève, que je destine cettè brochure. Ai-je atteint mon but ? Au lecteur d'en juger. Dans tous les cas, j'ai acompli ce que je crois un devoir, car tout honnête homme doit la vérité à ses semblables et si je ne réussis pas, ma récompense sera sans nul doute le suffrage de mon Roi et l'honneur de l'entreprise.

LA

PROCLAMATION

DE CHAMBORD

OU

LE DRAPEAU BLANC

Filii hominum usquequo gravi corde ut quid diligitis vanitatem et quœretis mendacium.

PSAUME 4.

Enfants des hommes jusques à quand aurez-vous le cœur appesanti ; pourquoi chérissez-vous la vanité et recherchez-vous le mensonge.

I.

LE MANIFESTE DE CHAMBORD. — ÉMOI VRAI OU SUPPOSÉ QU'IL CAUSE. — LA DÉCLARATION DES SEIZE DÉPUTÉS DE LA CHAMBRE. AU NOM DE QUI PARLENT-ILS? QUI LES EN A CHARGÉS !

Après les malheureux évènements de la dernière guerre, après surtout le siège de Paris, après les hontes de la dictature Gambetta succédant aux hontes plus nombreuses et plus anciennes de l'Empire, l'opinion publique s'était révoltée. La France avait soif d'un gouvernement. Elle venait de voir l'Empire et son chef finir dans la honte, tomber dans la boue. Tout était perdu dans ce gouvernement. même l'honneur.

Pour le remplacer qui a-t-elle? Quelques avocats à Paris et un aventurier tombé de ballon en province. Si les suites de tout celà n'avaient été si lugubres, il y aurait eu de quoi rire. Nous avions les insuffisants à Paris, les incapables en Province. La France avait beau demander un gouvernement, la nomination d'une Assemblée, on la lui refusait. N'était-elle pas trop heureuse d'avoir le gouvernement du 4 septembre? Cependant la Providence nous châtiait de notre orgueil et des vingt années de pourriture et de fourberies de l'Empire. Les désastres succèdaient aux désastres; et, chose terrible et honteuse à dire, si les classes riches et lettrées donnaient en grand nombre l'exemple de l'honneur et du courage il n'en était pas de même des classes populaires Jamais moins d'enthousiasme n'éclata chez une nation abâtardie par quatre-vingts années de révolution, dont vingt d'Empire; elle se montrait indifférente à tout. Elle criait contre les riches et affirmait son courage, à Toulouse, à Limoges, à Narbonne, à Marseille, à Lyon et finalement à Paris, en s'insurgeant contre la société et en brûlant ses merveilles.

Cependant le suffrage universel, consulté et galvanisé par tant de catastrophes, répondait spontanément en envoyant à la Chambre une majorité religieuse, monarchique, conservatrice et honnête.

Paris répondit à ces vœux hautement proclamés par la plus formidable insurrection qni ait jamais épouvanté la France. Cependant la majorité compacte et honnête que nous avions nommée poursuivait son œuvre. Voulant honorer le suffrage universel et croyant faire un grand acte politique, elle mettait M. Thiers à sa tête, nommé si je ne me trompe, par 28 départements. On lui savait gré des services rendus et surtout d'avoir combattu l'Empire, dont il a été l'adversaire le plus redoutable et le plus redouté.

Cet élu du suffrage universel à deux degrés a t-il été la fidèle expression de l'esprit qui l'a nommé? Oui et non. Oui, pour la répression de la Commune parisienne; non ou à peu près, pour le reste. Mais le but de cette brochure n'étant pas de traiter cette épineuse question, je reviens à mon sujet.

Le gouvernement de l'Assemblée ne fut pas plus tôt constitué que la question vraie, la seule qui puissent sauver la

France, se posa devant elle. Serions-nous en république ou en monarchie! Il semblait pourtant que le suffrage universel, notre maître à tous, à ce que j'ai entendu dire, s'était bien prononcé. Mais nous vivons dans un siècle qui eût excité à juste titre l'admiration de Rabelais, d'Erasme, de Montaigne et de Voltaire.

Ces esprits gouailleurs et sceptiques qui riaient de tout, se pâmeraient d'aise en voyant ce que nous voyons, entendant ce que nous entendons. Ces hommes, que l'on jugera comme on voudra, mais qui après tout, avaient de l'esprit à revendre, se pâmeraient d'aise devant M. Thiers et lui crieraient bravo! mille fois bravo! Jamais dans nos élucubrations soit sérieuses, soit bouffonnes, nous n'aurions oser rêver un tour de force pareil. Quoi la République vous tue et vous la voulez pour vous guérir! Eh bien, c'est de la politique allopathe, celle-là : *Similia similibus curantur*. La France est monarchique et vous lui imposez la République.

O nation fortunée, que n'es-tu républicaine, on t'aurait peut-être imposé la monarchie! Mais cessons cette fiction badine et voyons ce que voulait la Chambre après tant d'orages et de bouleversements. Eh mon Dieu, elle voulait ce qu'a toujours voulu la France: la monarchie et un monarque.

Pour y parvenir elle croit avoir la main heureuse et met la main sur M. Thiers. C'est vraiment jouer de malheur. Bien habile serait celui qui connaîtrait la politique de cet homme d'Etat. Il y en a qui prétendent qu'elle ne vise qu'à une seule chose : écarter la royauté légitime, au profit de la branche cadette, en prenant pour transition la république.

Il n'est donc pas étonnant qu'au milieu de cet imbroglio, de ces ruses, de ces finesses de vieux politiques ayant un peu conspiré toute leur vie, les partis monarchiques se soient comptés et que les honnêtes gens se soient entendus pour que le provisoire durât le moins possible, et que la France eût enfin un gouvernement stable.

C'est au milieu de tous ces événements et de ces ruses ou occultes ou cachées que le manifeste de Chambord a éclaté. Comme un véritable coup de tonnerre, tombant au milieu du camp des habiles, des intriguants de toutes sortes, il les a stupéfaits.

Depuis 80 ans, on n'était plus accoutumé à ce fier langage, à une si grande honnêteté royale. La première émotion passée, le camp des royalistes et de ceux qui se disaient tels s'est scindé. D'un côté les purs, les vrais, de l'autre ceux que la peur, la politique ou la ruse faisaient passer pour tels. La question était ainsi posée par les habiles et les fusionistes quand même : tâcher, sous le nom de fusion d'absorber le parti légitimiste, de le compromettre le plus possible, de l'annihiler et, une fois le tour joué, revenir aux belles traditions de 1830. Le bout de l'oreille a percé à temps ; le mota été lâché imprudemment: *abdication*. Alors notre roi s'est montré tel qu'il est, il s'est affirmé, et jamais plus magnifiques paroles n'étaient tombées d'une bouche royale : « Henri V ne peut abandonner le drapeau blanc d'Henri IV. »

Voyez aussi quel a été l'effet de ces paroles ; au lieu de l'amoindrir, comme le prétendent ses implacables ennemis, elles l'ont relevé. Tout le monde l'a avoué, le comte de Chambord a disparu, il ne reste plus qu'Henri V. Le roi semble dire à ses ennemis et à ses faux amis : « Assez de lâcheté de votre part, Messieurs, assez de concessions de la mienne. Deux règnes successifs vous avaient accoutumés à mentir, à toujours ruser. Eh bien! je vais vous faire voir que le descendant d'Henri IV est la loyauté même et qu'être honnête, c'est être habile. Arrière donc vos ruses, vos habiletés, vos duplicités, il est temps que la France se retrempe dans une atmosphère plus pure et que le mensonge cesse de régner partout. » Ce cri d'un noble cœur a été entendu ; la séparation, mais la bonne, la nécessaire, s'est faite.

Le parti légitimiste, purifié de ses scories, a resserré ses rangs. Une nouvelle aurore, plus belle que celle de ces derniers jours luit déjà pour nous. Le prince, en affirmant son drapeau, symbole de l'honneur sans tâche, a sauvé son parti.

L'immense majorité des journaux catholiques et royalistes a salué ce manifeste avec bonheur. On se rappelait avec douleur, les concessions onéreuses du passé qui ont tout perdu, et on avait soif d'un grand principe hautement et purement proclamé ; nous l'avons enfin, le ciel en soit béni ! et les journaux hostiles eux-mêmes se sont inclinés avec respect devant tant de loyauté et de franchise si noblement proclamées.

Et maintenant que nous importent les rusés, les politiques, les haines des gens implacables; nous sommes plus forts qu'avant, parce que de notre sein est sorti le virus qui nous tuait. Il en est de la politique comme de l'art de guérir: *principiis obsta.*

Ici nous ne pouvons nous refuser au plaisir de citer un article de M. Louis Veuillot, dans l'*Univers*. Ce grand écrivain, qui a été méconnu par un si grand nombre de légitimistes qui lui jetaient la pierre, l'accusant de ne pas être des leurs, mais qui est un catholique frappé au bon coin, et qui, après tout, beaucoup plus légitimiste que certains, n'aurait pas signé la note des seize, M. Louis Veuillot, dis-je, écrit ceci plein d'originalité et de vérité, et surtout d'esprit piquant.

« Si un homme politique, peut perdre » ses amis, sa cause et sa fortune, à » donner l'exemple de la fermeté, de la » loyauté et de l'honneur, Henri de Bour» bon a fait ce coup rare, mais très-pos» sible en notre temps. Tel est l'avis quasi » unanime des journaux. Ils déclarent » tous que, depuis longtemps, personne » n'a plus honnêtement et plus noblement » parlé; que sa proclamation est faite » avec un esprit sincère, une âme élevée, » un grand cœur, et tout cela est vrai. Ils » ajoutent avec le même ensemble et le » même entraînement que tout cela ne leur » va point, ne peut aller à personne en » France, et que, par conséquent, Henri » de Bourbon abdique et la cause de la » monarchie est finie. Nous, pour notre » compte, nous sommes persuadés qu'ils » révèlent le fond de l'âme française, du » moins le fond de cette partie, qui » parle en eux. Emus de cette splendeur

» de la probité royale, ils ont voulu ou
» n'ont pu s'empêcher d'être sincères
» à leur tour.

« Eh bien ! Monseigneur, nous aurons
» aussi notre probité. Franchement donc
» vous êtes trop honnête pour nous, vous
» pourriez nous sauver, nous ne voulons
» point signer cela. Décidément nous ne
» voulons plus obéir qu'à des chefs que
» nous puissions mépriser. Allez-vous
» en.

« Après quatre-vingts ans, après les
» deux républiques, les deux restaura-
» tions, les trois invasions, entre le
» second et le troisième 93, c'est l'écho
» de «Fils de St-Louis, montez au ciel !»
» Sur cette parole se fonde la troisième
» république. Nous doutons qu'elle soit
» bien fondée. Si véritablement le fils de
» St-Louis a perdu sa cause, ce n'est pas
» lui qu'il faut plaindre. Il n'est à
» plaindre que comme tous les autres
» français, destinés à voir la patrie di-
» minuer toujours, baisser toujours et
» peut-être périr. Pour lui, personnelle-
» ment, il n'est pas diminué et tant s'en
» faut. Il a mis à l'abri son honneur de
» Français, de roi et de chrétien; il a
» réservé du vieux drapeau de la France
» ce qu'il faut pour s'en faire un lin-
» ceuil. Il était déjà le premier gentil-
» homme du monde, il est aujourd'hui le

» dernier. Au milieu de ces félons, de
» ces pervers, de ces prévaricateurs qui
» trafiquent avec la révolution, qui mar-
» chandent, qui ourdissent, qui se par-
» jurent, qui comptent avec les routiers,
» les émeutiers et les brochuriers, il est
» gentilhomme. Lorsqu'il mourra, on
» répètera dans le monde cette parole
» qui n'y fut dite qu'une fois, et qui n'an-
» nonçait pas une haine aussi grande.
» Le gentilhomme est mort !

« Ce serait le deuil suprême et irré-
» médiable de l'honneur, s'il ne restait
» pas des chrétiens. Nous avons tenu
» nos lecteurs au courant des mouve-
» vements et incidents qui ont précédé la
» proclamation de Chambord. Quoique
» l'histoire authentique et régulière n'en
» soit pas faite, l'on entrevoit ce que les
» politiques voulaient préparer. C'était
» proprement la fusion. Nous n'en
» sommes pas et nous ne faisons que
» des conjectures.

« Mais, tous les documents l'indiquent,
» il s'agissait de fonder le droit dans le
» fait, et de donner la légitimité du
» droit à ce qui se prétend la légitimité
» supérieure du fait. La question du
» drapeau expliquait la question de la
» souveraineté populaire, et l'adoption
» du tricolore résolvait cette question
» contre la royauté. S'il est permis

» d'imaginer un entretien qui, sans doute, » n'a pas eu lieu entre le prince et ses » amis de diverses origines, anciens, » nouveaux, parents et autres, voici ce » qu'il leur a pu dire en prince, en homme » de bien et en homme de sens : « Vous » me proposez d'abdiquer, pour que » vous puissiez ensuite m'élire, je ne » sais trop à quel titre et comment. Vous » me demandez de cesser d'être roi et de » devenir fonctionnaire. Vous souhaitez » que je fasse cela sérieusement et en » toute sincérité, car je ne peux sup- » poser, ni que vous me jugiez capable de » feindre, ni que vous m'y engagiez. En « tout cas, je refuse; ce n'est pas mon » devoir, et ce ne serait pas votre intérêt; » vous ne pouvez pas m'offrir une candi- » dature, je ne l'accepterais pas. Vous ne » pouvez pas m'offrir la royauté, je la pos- » sède et vous le savez bien, car, autre- » ment pourquoi viendriez-vous à moi ?

« Vous ne pouvez que m'offrir, pour » votre part, la couronne. Mais vous ne » me l'offrez ni telle qu'elle est, ni telle » que je la veux, ni telle qu'il l'a faut, » et vous manquez de titre ou pour me » l'offrir ou pour la modifier. Cela ne se » peut plus faire que d'accord entre moi et » la France.

« Vous n'êtes en ceci ni mes fondés de « pouvoirs, ni ceux de la France, vous

» n'êtes pas juges entre la France et moi.
» De la France même je n'accepterais pas
» la couronne aux conditions que vous y
» mettez. Vous venez à moi, parce que
» vous avez besoin d'un roi, et parce
» que je suis le roi, et vous me demandez
» de n'être plus le roi, ni même un roi !
» Vous demandez que j'oublie mon nom,
» que j'efface mon histoire, que je déchire
» mon titre ! Mais alors à quoi puis-je
» être bon, qu'à vous tirer un moment
» d'embarras, au prix de la dernière
» ressource peut-être de la France ! J'ai
» cinquante ans, je connais le monde,
» j'ai étudié votre train particulier, et je
» suis chrétien. Parce que je suis chré-
» tien, j'ai le devoir de consentir à régner
» chez vous si j'y suis invité ; et il con-
» vient même que je fasse les premiers
» pas et que je me présente à cause de
» votre extrême malheur. Me voici. Mais
» si c'est chose possible de régner chez
» vous, et plus possible à moi qu'à tout
» autre, ce n'est pas chose commode, et
» j'ai le droit et le devoir de poser mes
» conditions. Je les fais, il importe à ma
» loyauté d'en avertir tout le monde,
» parce qu'elles regardent tout le monde.
» Sans soldats et sans partisans armés,
» c'est ainsi que je peux et que je veux
» livrer bataille à ceux que vous avez
» dressés à ne plus vouloir de roi ni de

» formes de roi. Je leur dirai comme à » vous, que je prétends n'être pas une » forme de roi, et l'on me verra en » homme de ma race sur le chemin de » l'honneur. J'y porterai le panache » blanc. Vous tenez tant à ce tricolore ! » Si c'est une pure fantaisie de votre » part, vous devez me passer un goût » différent et votre goût ici doit céder au » mien, lequel a ses raisons que le vôtre » n'a pas. Si c'est ruse, je ne veux pas » m'engager dans une voie de ruse où je » marcherais mal, où je serais certaine- » ment abandonné et vous certainement » battus. Si c'est lâcheté, ce serait mal » commencer, et je ne suis point l'homme » que vous cherchez. Je ne veux point » tromper, et je ne veux point demander » pardon d'appartenir à ma race. Je ne » crois pas que Henri IV ait dit que » Paris valait bien une messe, et s'il a » fait ce bon mot je ne l'accepte pas pour » moi. Je prends Henri IV après la messe » et je dis, moi, que la messe où je demande « à Dieu de me faire mériter le ciel en m'y » employant au service du juste et du vrai, » vaut plus que Paris et plus que la con- » ronne. Que si votre tricolore est un sym- » bole, et si vous y tenez comme à un » symbole, ce n'est plus la réforme, c'est » l'abjuration. Ce symbole est l'opposé du » mien. Vous n'avez pas besoin que je le porte, j'ai besoin de ne pas le porter, et vous-mêmes avez besoin que je ne le porte pas.

« Je suis roi pour conduire la France, pour lui faire remonter un chemin de paix et de gloire où elle ne doit rien perdre de ce qu'elle a pu acquérir, et où elle retrouvera ce qu'elle a certainement perdu. Je ne veux pas être roi pour la suivre aux abîmes où elle se laisse pousser. Si son goût la traîne irrésistiblement à M. Gambetta, je n'ai à faire qu'à n'être pas de ceux qui ne peuvent résister à M. Gambetta.

« L'honnête homme trompé s'éloigne et ne dit mot.

« Quant à moi j'apporte une dot, je fais un contrat, j'exige des garanties, et ensuite je me marie à l'église, cierges allumés, et non à la Closerie des lilas entre deux petits verres.

«Mon goût me porte aux bonnes mœurs, c'est à prendre ou à laisser. J'admets considérablement de choses dont je crois pouvoir me tirer honorablement et avec avantage pour vous : le suffrage universel, les chambres, les orateurs et le reste, qui est beaucoup. Nous tâcherons avec cela de régler le passé, d'épurer le présent, de préparer l'avenir.

» Mais je serai roi, si non, non. Mes cousins qui demandent à me faire visite, viendront ici saluer le roi, ou courront l'autre chance. Moi, je ne la cours pas. Je suis et je veux être homme de mon temps, mais je reste homme de mon rang et de mon sang. Je suis l'or monarchique.

« Je veux bien être mis au creuset, mais que ce soit pour en sortir plus or! Point d'alliage, s'il vous plaît. Otez ce cuivre, ce plomb et ce zinc où l'or perdrait sa valeur et qui ne vous donneraient qu'un métal cassant et trop vite oxydé. Bonsoir Messieurs. »

« Que ce discours soit impolitique, et que les politiques s'en aillent tristes en répétant : bonsoir ! c'est possible, hélas ! et invraisemblable. Et néanmoins il n'est pas impossible que la nuit porte conseil. Elle pourra être assez agitée pour que beaucoup viennent et disent : Salut noble roi.

« Louis VEUILLOT. »

Certes, on ne saurait mieux dire et sous une forme originale, cacher de plus grandes vérités. C'est bien cela. Il faut que l'honnêteté de ce prince s'impose, qu'il s'impose par elle et que subjugués enfin, les Français se disent : Depuis 89 jusqu'à aujourd'hui, nous n'avons vu sur le trône que des princes trompeurs, ou trompés, nous avons tous vécu de ruses, de méfiance et de calomnies, nos princes nous trompaient, nous trompions nos princes, aussi que sommes-nous devenus les uns et les autres !

Aujourd'hui nous avons à faire à un prince chez lequel l'honnêteté resplendit. Il a excité l'admiration, comme tant d'autres les soupçons et la peur; on respire à son contact un air pur, et malgré nos préventions nous sommes forcés de nous écrier : Voilà un honnête homme.

Je prie le lecteur de faire dans sa pensée la revue de tous les princes règnant ou ayant régné ces derniers jours en Europe et de me dire s'il en connaît beaucoup à qui cette épithète convienne. Quant à nous, nous n'en connaissons qu'un : Henri V. Son honnêteté, même avant sa proclamation, était connue; maintenant il vient d'y mettre le sceau. Il s'est couronné par elle de sa propre main et a monté quelques degrés du trône.

L'émoi qu'il a causé est donc plus apparent que réel; on a admiré voilà tout. Les uns se sont réjouis et c'est le plus grand nombre, ce sont les honnêtes, les fidèles aux vrais principes du beau et du vrai en toutes choses; les autres, tout en admirant, ont dit comme M. Louis Veuillot : « Vous êtes trop honnête pour nous, « nous ne voulons plus obéir qu'à des « chefs que nous puissions mépriser. » Ceux-là ne sont pas à craindre. Ils disent crûment leur façon de penser, lorsque, à bout d'objections, ils ne savent que répéter: «Ce prince n'est pas de son siècle.» Euphémisme qui signifie: «Nous ne sommes pas dignes que vous régniez sur nous.» On doit redouter au contraire les habiles, les politiques, les rusés, les niais aussi qui croient ce que leur disent les premiers. Les habiles, les politiques sont ceux qui auraient voulu absorber le prince, le rapetisser jusqu'à eux et qui après n'auraient pas eu honte de dire : Mais français, ce prince que vous vantez tant ne vaut pas mieux que les autres, c'est un *prétendant* qui crie, comme les autres : « *Prenez mon ours*.» Eh bien, les politiques les habiles, les rusés, les niais ou ceux qui font semblant de l'être ont été pris dans leurs propres pièges : l'honnêteté du premier les a déjoués, les a confondus et et ils ont vu alors qu'ils n'avaient pas à faire à un prétendant mais à un roi. Le manifeste ne fut pas plutôt connu qu'un certain nombre de représentants légitimistes se hâtèrent de protester. Qui leur en avait donné l'ordre et le mandat ?

Sur un aussi grand nombre de députés légitimistes que compte la Chambre, il s'en est trouvé seize pour signer cet étrange document, qui a soulevé l'indignation de tout royaliste digne de ce nom et qui a failli diviser le parti. Nos ennemis en ont pris texte pour s'écrier : le parti légitimiste n'existe plus. Ces gens là ont tellement peur qu'on les sauve malgré eux, qu'ils prennent leurs désirs pour des réalités. Non, le parti n'est pas mort puisqu'il vient de s'affirmer d'une aussi éclatante façon et que la presque unanimité des journaux de province s'est prononcée pour le drapeau blanc; les journaux qui nous sont hostiles l'ont publié et ont remarqué ce fait avec dépit. Les journaux catholiques ont fait de même en province. Et l'*Univers* et le *Monde*, les deux plus grands organes à Paris, s'y sont hautement associés, avec une logique et une verve qui rendent toute réplique impossible.

Sur les deux journaux légitimistes de Paris, l'*Union* et la *Gazette de France*, cette dernière seule n'a pas adhéré au manifeste de Chambord. Elle a publié la fameuse note des seize; depuis elle s'est tue et comprenant sans doute qu'elle avait fait fausse route, elle tâche de faire oublier, soit par son silence soit par quelques paroles de concorde, le mal qu'elle aurait pu faire en adhérant complètement aux seize Pour juger convenablement cette fameuse et malencontreuse note qu'on voudrait bien certainement ne pas avoir écrite, nous ne pouvons mieux faire que de citer l'article de l'*Union*, de Paris, où cette œuvre est sainement et aussi sévèrement appréciée qu'elle le mérite :

« Cette publication appelle nos remarques. Nous avons, on l'a vu, gardé une grande retenue dans l'expression de notre jugement sur le manifeste de M. le comte de Chambord ; ce n'était pas de l'hésitation, c'était de la préméditation ; nous ne voulions pas courir au devant d'une émotion d'avance excitée, et nous voulions espérer un échange de réserve égale de la part de ceux dont l'impression n'aurait pas été la nôtre. Nous avons été trompés ! Mais les notes qu'on vient de lire vont au-delà des bornes que prescrivaient la convenance et le respect, jusque dans la différence des opinions.

« Et d'abord nous avons droit de nous étonner que la note imprimée, non pas dans un grand nombre de journaux de province, mais dans deux journaux seulement, nous soit présentée à Paris, comme une expression concertée de la droite de l'Assemblée.

« Quand un acte semblable veut avoir l'honneur de passer pour un acte authentique et de s'accréditer à ce titre devant toutes les opinions, il doit porter des signatures et ne point s'offrir comme un acte de délibération clandestine.

« Notre droit donc est de nous inscrire en faux contre cette publication, jusqu'à ce qu'elle soit avouée par une portion quelconque des députés légitimistes, quel qu'en doive être le nombre. Ce n'est pas manquer au respect qui leur est dû et que nous tenons à leur garder, que de leur demander à cet égard, une déclaration catégorique. Jamais ce ne fut un devoir plus impérieux de dégager d'ambiguité tout ce qui tient au renom d'honneur et de loyauté de notre parti. Tous les journaux se plaisent, à cet égard, à rendre hommage au caractère royal d'Henri V, les serviteurs de la légitimité se doivent à eux-mêmes de mériter le même témoignage.

« Un journal le dit ce matin en termes éclatants. Comme sa parole est saine! s'écrie le *Constitutionnel,* et que nous serions plus forts et plus fiers si tout le monde parlait avec cette droiture. Jamais hommage plus glorieux ne fut rendu à un prince, soit sur le trône, soit en exil. C'est pourquoi notre sincérité politique ne supporte pas un acte d'opposition anonyme contre le manifeste le plus loyal et le plus libre qui se soit vu depuis les déclarations célèbres d'Henri IV.

« La note attribuée à la droite, si elle était signée, donnerait lieu à un examen qui montrerait à quel point a décliné dans cette France, l'idée du respect et même l'idée du droit. On veut bien dire que les inspirations personnelles de M. le comte de Chambord lui appartiennent. On peut le dire au même titre des inspirations personnelles de chacun des membres de la société politique, depuis les plus éclairés jusqu'aux plus idiots. Si c'est là toute l'idée que les dissidents de la droite ont de la royauté, nous ne voyons pour eux aucune raison de n'être aussi républicains que M. Thiers; évidemment ils se sont trompés de politique.

« Ils disent « qu'on ne contestera pas aux inspirations personnelles de M. le comte de Chambord un caractère de sincérité allant jusqu'au SACRIFICE. » Ce mot dit mal leur pensée, ou bien leur pensée manque de courage. Raison de plus pour que des noms soient ajoutés à des déclarations qui veulent être ambiguës; il nous faut savoir à qui appartient un tel langage. Laissons le reste.

« Après tout, la note publiée et les notes qui pourront être publiées encore ne voudront dire qu'une chose : c'est qu'on a voulu imposer un drapeau au comte de Chambord, et qu'il a entendu garder le sien, et aussi qu'il y a des légitimistes pour qui le drapeau blanc du comte de Chambord n'est pas un signe suffisant de liberté, de gloire et de paix. Nous le savions, nous ne le disions pas. Nous savions que ce travail de politique qui semble être d'hier est un vieux travail d'intrigue et qui devait par malheur arriver à une explosion. Et il est si vrai que dans ce travail tout se réduisait à une question de drapeau, qu'aujourd'hui, après que les divers manifestes de M. le comte de Chambord ont mis en pleine lumière les programmes les plus larges de gouvernement national représentatif, constitutionnel, n'importe le nom, toute la contestation et toute la résistance portent exclusivement sur cette image de drapeau blanc dont on a fait un emblême des temps ténébreux, comme si le drapeau blanc n'avait pas emporté précisément et dispersé tous les restes de la servitude féodale. Preuve manifeste que la préoccupation des partis, ce n'est pas la liberté, mais la révolution.

La liberté est sous le drapeau que porte le roi; la révolution vit sous le drapeau contraire. C'est en deux mots toute la signification des notes qu'on a lues. — C'est aussi toute notre raison de notre choix de drapeau, non seulement parce que c'est le drapeau du roi, mais aussi parce que c'est le drapeau du peuple. LAURENTIE. »

Du reste, il ne faut pas se le dissimuler le parti légitimiste, quoi qu'ayant toujours été uni sur les principes et ayant toujours formé un tout compacte jusqu'ici, malgré les différences d'appréciations du manifeste, le parti légitimiste a vu ses chefs varier quelque fois sur la politique générale à suivre. Le prince seul a été immuable, ce qui prouve sa force, son énergie et surtout sa clairvoyance de l'avenir. Il n'en a pas été de même de l'ambition des chefs que je diviserai en deux: les provinciaux et les parisiens.

Paris, de tout temps, s'est fait contre la France et malgré la France une situation à part. On dirait vraiment que cette capitale veut faire de la centralisation en tout et pour tout et que, non contente d'être la capitale politique, elle aspire encore à être la capitale de tous les partis. Il semble aux yeux de certaines gens que tout doive partir de Paris comme d'un centre commun et y retourner et que tout ce qui n'a pas là sa source soit frappé de mort.

Depuis 80 ans, la France paie cher cette suprématie en tout de sa capitale. On dirait que les hommes qui l'habitent sont d'une autre espèce que nous. Vains, légers, n'approfondissant rien et effleurant tout, répondant à une raison par un mot, à un raisonnement sérieux par un persiflage, ils sont pour tout homme sérieux un fléau et pour la société politique un danger. Oserait-on dire que ceux qui l'habitent doivent tout primer et que de là seul sort le type du vrai, du juste, du beau, du bien. Il en faut rabattre de beaucoup, cependant, de ces prétentions. Nous avons vu les Parisiens à l'œuvre pendant la Commune et pendant le siège par les Prussiens. A cette époque, ils devaient sauver la France en se sauvant eux-mêmes, et ils n'ont sauvé ni eux, ni la France. Strasbourg, Belfort se sont aussi illustrées que cette capitale, sans nommer les autres villes, qui ont sauvé leur honneur et celui de la France, sans faire sonner si haut leur courage, et surtout sans se courber lâchement devant une démagogie furieuse qui était dans la proportion de un contre dix. Eh bien, dans cette note en réponse à la proclamation du roi, Paris a voulu encore s'imposer. Il a envoyé à tous les journaux de province, la fameuse note que l'on a lue, et cela par l'organe de seize individus qui peuvent être très nobles, très titrés, très riches, mais que personne ne connait, et que l'immense majorité de la presse de province a hautement désavoués. Oui, Messieurs les seize, Parisiens sans aucun doute, vous avez failli apporter dans le parti la révolution que votre chère capitale apporte en France; heureusement, on vous a arrêtés à temps. Vous êtes restés seuls, je ne dirai pas avec votre déshonneur, Dieu m'en garde, mais avec votre ridicule. Personne ne vous a suivis, et vous n'avez réussi qu'en deux choses : à offenser le roi et à irriter de nouveau la province. Cette dernière vous a répondu par l'organe de ses journaux; vous l'avez trouvée compacte et unie, et loin de faire schisme, se serrant avec amour autour de son chef qui a dû être consolé de votre note incroyable, par cette attitude dévouée, éclairée, et éminemment française. Vous ne parliez donc au nom de personne, personne ne vous avait chargés de cette ingrate besogne et encore une fois vous avez pris quelque coterie parisienne pour la France entière.

II

LES LÉGITIMISTES PEUREUX. — LES FUSIONNISTES BLANCS. — LES FUSIONNISTES BLEUS. — LES FUSIONNISTES RÉPUBLICAINS EN PETIT NOMBRE. — LES VRAIS LÉGITIMISTES. — QUELLE ÉTAIT LEUR PENSÉE A TOUS.

Les hommes des partis ardents ou des opinions fausses sont les seuls qui soient intraitables sur les bases de leur parti. Ils obéissent sans réfléchir, aveuglément, et c'est ce qui rend ces partis, surtout le démagogique, si terribles. Chez eux, tout est affaire d'impulsion et non de raisonnement. Le raisonneur, chez eux, est réputé faux frère et puni comme tel. Cette obéissance passive et soudaine est tout le secret de la force du parti démagogique. Si ce parti raisonnait, comme chez nous, il n'existerait que dans la tête de quelques rêveurs, qui ne seraient nullement à craindre. Or, le propre des hommes violents, c'est de ne jamais raisonner et de prendre leur fureur pour de la raison. Ils brisent, ils renversent tout, avec la même intelligence que la brute sauvage.

Dans le parti royaliste, il n'en est pas ainsi; on y raisonne beaucoup trop. L'immense majorité de ceux qui le composent, gens paisibles et de principes, croient tous les hommes semblables à eux, et ne font jamais de révolutions; ils les subissent, ils sont souvent, hélas, la force inerte sur laquelle s'exerce la force brutale dont nous parlons. Ils subissent les contre-coups et y résistent rarement Ils l'ont fait lors de la révolution en Bretagne, en Vendée, à Lyon, à Toulon et ailleurs, et cette résistance légitime a été noyée dans leur sang. Depuis lors le parti s'est transformé dans son action! Il a les mêmes principes, mais pas la même manière de les défendre ou de les faire triompher; il est devenu passif, d'actif qu'il était auparavant. Ce qui l'a sauvé de la dissolution des choses humaines, ce qui le sauve et ce qui le sauvera, c'est qu'il ne représente pas les passions, les haines, les cupidités de ses partisans. Non, il représente, la justice, le droit, les devoirs, la religion. De là vient que, depuis 80 ans de révolutions, beaucoup de ses partisans l'ont abandonné; ils ont suivi le torrent, ils ont abandonné les principes pour suivre leurs intérêts et les différents gouvernements qui se sont succédé en France. Beaucoup, hélas, ne pouvaient faire autrement, car il fallait vivre, et la révolution est une nourrice cruelle qui exige l'abandon sans retour de ce qu'on a aimé.

De là vient que ce parti compte beaucoup de gens peureux, ce qui ne veut pas dire lâches. Ils sont craintifs et doux, voilà tout. Ils ont vu tant de changements que leurs principes se sont émoussés. Volontiers ils diraient : Eh mon Dieu, Sire, qu'est-ce qu'une couleur après tout. Qu'importe les moyens, pourvu qu'on ait la fin, oubliant trop, comme je l'ai dit plus haut, qu'être honnête et franc, c'est être habile. Après ceux-là viennent les fusionnistes de différentes catégories : 1° Les fusionnistes francs et loyaux, c'est-à-dire les vrais légitimistes, qui ouvrent leurs rangs tout en gardant leurs principes et leur drapeau qui est celui du roi, c'est-à-dire les légitimistes intelligents qui comprennent que, si les principes fondamentaux de la royauté sont immuables, comme je le montrerai tout à l'heure, il est certaines questions qui ne divisent pas, bien au contraire, et sur lesquelles on peut toujours s'entendre, telles que les questions de la personne des princes.

Celui-là ne serait pas légitimiste par exemple, qui prétendrait qu'Henri V mourant sans enfant, son légitime héritier n'est pas le comte de Paris. Voilà de la vraie fusion basée sur les principes. 2° Les fusionnistes bleus. Pour ceux-là distinguons. Il y en a deux catégories : Ceux qui ont répudié les principes révolutionnaires et qui sont devenus de vrais et loyaux royalistes, avec toutes les conséquences que ce titre comporte; mais ceux là sont venus dans nos rangs et non nous dans les leurs. Ce sont des frères longtemps séparés qui sont rentrés dans la maison paternelle, après avoir reconnu les erreurs de leur jeunesse. La seconde catégorie comprend les philippistes et républicains honnêtes désabusés qui voudraient bien d'Henri V, mais sans son drapeau. Ils voudraient ceux-là une légitimité à leur façon. Le roi serait, selon l'ancienne et ridicule formule de M.

Thiers un roi qui règne et ne gouverne pas, et la France a actuellement besoin d'un roi qui règne et qui gouverne. Ceux-là consentiraient à nous recevoir dans leurs rangs, à condition que nous déposerions nos insignes à leurs portes et que nous cesserions d'être nous-mêmes. Ce sont ceux-là que le manifeste de Chambord a stupéfaits ou qui ont fait semblant de l'être. Au fond ils en sont contents et non aussi irrités qu'ils veulent le paraître. Avant ce mémorable manifeste de Chambord la véritable opinion royaliste ne s'était pas aussi bien ni surtout si hautement affirmée que maintenant.

Le courage du roi a gagné ses partisans et on peut dire aujourd'hui qu'il y a unanimité dans le parti. Il s'est hautement affirmé et, à la suite de son roi, a reconnu et suivi ses couleurs. Les vrais légitimistes sont ceux qui professent que la couronne appartient à un roi et qu'elle se transmet de mâle en mâle, par ordre de primogéniture et, qu'une fois fixée dans une famille ou dans la branche de cette famille, elle ne peut en sortir pour aller dans une autre, ou, pour employer le langage du droit, il ne peut plus se faire de dévolution d'une branche à l'autre qu'en cas d'extinction mâle de la famille régnante. Tout ce qui porte atteinte à ce principe est mauvais et révolutionnaire au premier chef. On ne peut donc se dire légitimiste si on ne professe et si on n'affirme ces principes.

Il y a maintenant des questions qui ne sont pas des principes mais qui y ressemblent beaucoup, autour desquelles ont fait beaucoup de bruit, non pour elles-mêmes et qu'on en ait peur, mais parce qu'on espère aller au-delà et atteindre plus loin. Il en a été ainsi pour le drapeau. Avant que le manifeste ait paru, on faisait semblant de croire à la vraie monarchie et d'accepter tous ses principes, mais lorsque son représentant a parlé, on a feint d'être scandalisé et de s'écrier : mais la légitimité n'est pas celà! Mais si, messieurs, c'est bien celà et la preuve, c'est que tous les prétendants — usurpateurs — qui se sont emparé du pouvoir en France, se les sont appropriés, témoin les deux Buonapartes et Louis-Philippe. Et comment faire autrement : il n'y a pas deux principes monarchiques, comme il n'y a pas deux vérités d'ordre différent sur le même objet. Toutes nos révolutions, n'ont été que des changements de personnes. Une fois le tour joué on voulait revenir aux vrais principes, mais l'implacable logique reprenait son empire, les principes mal posés amenaient des conséquences fausses. Comment fonder une vraie monarchie sous un usurpateur? Les principes qu'il invoque se retournent contre lui, et en faveur de son adversaire. Il invoque bien les principes fondamentaux, mais il ne suit pas leur déduction nécessaire et les applications qu'ils amènent. L'usurpateur se dit : J'aurai le trône pour moi et pour ma race en invoquant ce principe, mais l'inflexible logique lui répond : *Tu auras le trône pour toi momentanément, mais non pour ta race, et lors même que tu suivrais les principes que tu invoques dans leur dernière conséquence, comme le ferait un roi légitime, tu échoueras, car tu es un usurpateur, et ce mot usurpateur opposé au mot légitime te tuera, comme un édifice superbe qui, construit à la hâte et manquant de base solide s'écroule sur ses présomptueux constructeurs.* Voilà la légitimité, voilà sa force et voilà aussi la faiblesse de ses adversaires. Ils sont semblables aux rapins qui copient les tableaux d'un grand maître. Chacun se dit: « *C'est bien cela, mais ce n'est plus du tout la même chose.* »

Il fallait donc que la légitimité se montrât et que les cœurs de plusieurs fussent manifestés. C'est ce qu'a fait le prince. Son choc a produit la plus vive lumière et là où l'on tâchait de produire l'obscurité, il a chassé les ténèbres. Tous ont été éclairés et l'immense majorité du parti, par ses lettres et par ses journaux, par ses hommes politiques, a montré sa véritable pensée. Nous donnons ici, mais seulement comme faible aperçu, la liste des journaux de la province.

L'Union, L'Univers, le Monde, le Figaro, l'Echo Français, de Paris; L'Aquitaine à Bordeaux, la Chronique de l'Ouest au Mans, la Décentralisation à Lyon, l'Echo de la Provence à Toulouse, l'Echo de l'Ardèche à Privas, l'Echo de la Somme à Amiens, l'Echo de Fourvière à Lyon, l'Emancipateur de Cambrai, l'Espérance du peuple à Nantes, l'Etoile de Vaucluse à Avignon; la Gatine, à Partenay; la Gazette du midi, à Marseille; la Gazette de Nimes; la Gazette de Normandie, à Rouen; l'Impartial du Loiret à Orléans; l'Indépendant de l'Ouest, à Laval; le Journal de Fécamp; le Journal de Rennes; le Journal de St-Malo; le Mémorial de l'Allier, à Moulins; l'Océan de Brest; l'Ordre de Saône-et-Loire, à Châlons; l'Ordre et la liberté de Caen; le Patriote catholique de Mont de Marsan; le Petit-Journal du Nord, à Douai; la Provence, à Aix; la Savoie à Chambéry; le Sennonais, à Sens; la Sentinelle du Midi, à Toulon; l'Union Franc-Comtoise, à Besançon; l'Union nationale à Montpellier, l'Union du Sud-Ouest, à Agen; l'Union du Var, à Draguignan; l'Union de Vaucluse, à Avignon; le Vendéen, à Luçon; le Vœu National, de Metz.

Voilà donc 41 journaux pour l'acte de Chambord c'est-à-dire l'immense majorité du parti catholique et royaliste. *Trois* journaux du parti, sans accepter le drapeau ni le répudier, ont fait des réserves à ce sujet. Ce sont : la *Guienne*, de Bordeaux; l'*Indépendance Bretonne*, de St-Brieu; et la *Gazette du Languedoc*, de Toulouse.

Trois journaux seulement ont adhéré

purement et simplement à la note anonyme des 16; ce sont : la *Gazette de France*, à Paris; la *Gazette de l'Ouest*, à Nantes; et l'*Union de l'Ouest*, à Angers. Eh bien, la *Gazette de France*, le plus considérable des journaux dissidents, ne souffle plus mot. Il opère sa retraite sans bruit. Ce journal important et fort prisé dans le parti a fait dans cette affaire un véritable pas de clerc. Il se tait maintenant et fait preuve de beaucoup de bon sens. On ne peut dans tous les cas le compter comme un ennemi. Que les journaux opposés de toutes couleurs viennent nous dire ensuite que le parti est mort !

La pensée du parti légitimiste est maintenant connue. Elle s'est hautement manifestée et quand quarante-deux journaux sur moins de cinquante, disent oui, il nous semble qu'il n'y a pas à hésiter. Souvent, nous le savons, la presse ne réflète pas l'opinion publique, plus souvent même elle la fausse ou la travestit; ici rien de tout celà. Parlez à l'immense majorité du parti, aux riches et aux pauvres, aux savants et aux ignorants, au clergé, à la noblesse, partout le même amour du drapeau blanc, partout le même avœu retentit : *Le roi a exprimé notre véritable pensée, nous sommes avec lui*, et à peine si quelques voix discordantes s'élèvent dans ce concert unanime. Il se comprend qu'ici le drapeau et le parti n'en fassent qu'un : on dit aussi bien dans le public, *les blancs* que les légitimistes, comme on dit les rouges, pour signaler les hommes de désordre, et *les bleus* les hommes d'entre deux.

III

QUEL EST LE VRAI DRAPEAU DE LA FRANCE ? — QUEL EST CELUI DES DEUX, BLANC OU TRICOLORE, QUI A ACQUIS LE PLUS DE GLOIRE? — POURQUOI FEINT-ON D'APPELER CE DRAPEAU LE DRAPEAU NATIONAL? POURQUOI EST-IL LE DRAPEAU DES D'ORLÉANS ? — L'AMOUR DES PRINCES POUR CE DRAPEAU SE JUSTIFIE-T-IL; NE DOIT-ON PAS EN INDUIRE, AU CONTRAIRE, QU'EN CAS DE VRAIE FUSION, ILS DOIVENT LE RÉPUDIER ?

La révolution, qui aime à mentir, n'a pas manqué d'appeler son drapeau, le tricolore, le drapeau *national*, c'est-à-dire le drapeau de la nation. La révolution qui aime à se parer de grands mots, devrait bien nous dire quel est dans sa bouche le sens du mot national. Si 80 ans d'histoire où le sang coule à flots, où la patrie est envahie et sanglante, comptent plus que trois siècles de gloires les plus pures, oh alors, elle a raison, son drapeau est national, et le nôtre ne l'est pas. Mais les mensonges ne tiennent pas devant l'histoire, et ils se dissipent devant elle comme les ténèbres devant la lumière. Voyons, on sait la polémique excitée dans les journaux par cette question du drapeau.

Un journal révolutionnaire a voulu donner une leçon d'histoire au prince, et c'est lui à son tour qui se l'est attirée. Citons tout au long.

Extrait de l'Union nationale de Montpellier : Les deux drapeaux. « On lit dans la *Gazette du Midi* : A la suite de la *Liberté*, on prétendait soutenir contre le manifeste de Chambord, que le drapeau de Jeanne-d'Arc était une bannière bleue. Un de nos concitoyens, qui s'est toujours modestement, mais fortement occupé d'études historiques, veut bien nous adresser la note suivante :

« Les deux drapeaux. — Le manifeste de Chambord a excité en France une émotion qui n'est pas calmée, ce qui prouve que le parti royaliste n'est pas aussi mort qu'on veut bien le dire. Chose étrange ! cet acte, auquel personne du moins ne conteste un caractère de grandeur et de souveraine loyauté, est l'exposé du système le plus libéral du gouvernement représentatif, assis sur les bases les plus larges. Et cependant on n'y veut voir que la question de drapeau, tant il est vrai qu'en France le fond ne passe qu'après la forme. Ils sont donc en présence les deux drapeaux que chacun défend comme devant représenter le mieux les gloires de la France.

« Examinons quels sont leurs titres à cet honneur et d'abord quelle a été leur origine. Le journal *la Liberté*, cité samedi par le *Courrier de Marseille*, se piquait de donner une leçon à l'héritier des Bourbons. « *On doit la vérité aux grands, dit avec une légère ironie M. Cortambert, auteur de l'article, que le comte de Chambord nous permette de lui présenter quelques rectifications en faveur de la vérité.*

« *Le drapeau blanc n'a jamais été celui de Jeanne-d'Arc, qui portait, si nous ne faisons erreur, l'oriflamme bleue; l'Etendard immaculé date de 1589, à l'époque de l'avénement des Bourbons, et par conséquent du règne d'Henri IV; les couleurs nationales ont d'ailleurs singulièrement varié. Dès le XIVe siècle, on commença à unir le rouge et le bleu, etc, etc.* »

« Ce n'est pas aux grands seulement qu'on doit la vérité, nous la devons aussi à celui qui croit donner une leçon d'histoire de France au roi de France. Les singulières variations des couleurs nationales, la bannière bleue portée par Jeanne-d'Arc et par François Ier, s'expliquent par ce fait que, pour François Ier comme pour Charles VII et leurs prédécesseurs, comme aussi pour Henri IV, Louis XIV et Louis XV, la bannière royale bleue, à fleurs de lys d'or, était distincte du drapeau national, rouge jusqu'à Azincourt et à la mort de Charles VI, puisque telle était la couleur de l'oriflamme, et blanc depuis l'avénement de Charles VII. L'oriflamme qui était le drapeau français jusqu'à Azincourt, flottait en tête des armées concurremment avec la bannière royale, quand le roi y était en personne. Si Jeanne-d'Arc a tenu au sacre de Charles VII cette bannière aux armes de France, elle l'avait bien mérité sans doute, mais celle qu'elle tenait aux jours de bataille était la bannière blanche dont l'origine peut s'avouer. — C'était au commencement du XVe siècle, la vieille oriflamme de Bouvines et de Taillebourg était humiliée comme aujourd'hui; l'étranger foulait le sol français. L'Anglais, attiré par la trahison de l'infâme Isabeau, était maître des trois quarts de la France. Paris, dès cette époque, en avait assez de la dynastie des Capets. Paris acclamait, à la mort de Charles VI, Henri de Lancastre, roi de France et d'Angleterre. Paris envoyait à Londres ses clefs et le drapeau de la France, que l'Angleterre a conservé depuis comme le sien; Paris raillait Charles

VII qu'il appelait dédaigneusement roi de Bourges.

« Cependant l'armée fidèle proclamait le roi de Bourges roi de France, dans une modeste chapelle du Puy-en-Velay. La couleur rouge prise par l'Anglais ne pouvait plus être celle de la France; un étendard de taffetas blanc fût élevé devant le jeune roi au moment où il se montrait revêtu pour la première fois des insignes royaux, et telle fut l'origine du drapeau blanc qui, bientôt aux mains de Jeanne-d'Arc et de Dunois, délivrait Orléans, conduisait Charles VII à Reims, pour y recevoir l'onction royale et délivrait enfin la France du joug envahisseur.

« Trois siècles durant, depuis cette époque, il a été le drapeau de la France. C'est lui que, successivement depuis cette époque, la main des rois capétiens a planté en Bourgogne et en Provence, en Bretagne, dans la Normandie et la Guyenne définitivement arrachée aux Anglais, en Roussillon, en Franche-Comté, et enfin dans cette Alsace et cette Lorraine, que le drapeau tricolore n'a pas su garder. C'est le pavillon blanc qui, sur toutes les mers, tenait tête au vieux pavillon rouge, volé par l'Angleterre à la France; c'est lui qui fondait en Amérique la république des Etats-Unis; c'est le drapeau blanc qui, en 1814 et en 1815, arrêta la main de l'Europe prête à démembrer la France du drapeau tricolore, et réussit à lui conserver malgré elle les frontières à peu près intactes de 1789. C'est lui qui en 1830 fondait sur les côtes d'Afrique une France nouvelle destinée à faire de la Méditerrannée un lac français. C'est le drapeau de Marignan et d'Ivry, de Denain et de Fontenoy, de Navarin et d'Alger. Comme l'a si bien dit Henri V, c'est le drapeau d'Henri IV, de François 1er, de Jeanne d'Arc. Nous ne voudrions pas être trop sévère pour le drapeau tricolore. Bien qu'il ait eu cette triste fortune d'être trois fois, en un demi siècle, cause et témoin des invasions de la patrie, nous n'oublions ni ne répudions ses gloires qui sont le patrimoine de la France, qu'elle a payées depuis bien cher; nous n'oublions pas qu'en face de l'étranger, c'est lui qui aujourd'hui représente la France, et on sait si les royalistes étaient au dernier rang pour le défendre contre l'ennemi, dans cette guerre désastreuse de 1870.

« Mais, ce que le drapeau tricolore est aussi, c'est le drapeau de la destruction révolutionnaire. Il est né d'une révolte, il est, à son origine, la substitution des couleurs de Paris à celle de la royauté nationale; ce que le drapeau blanc avait fait, dès son origine, le drapeau tricolore a travaillé à le détruire. Il a détruit le magnifique plan de réformes demandées unanimement par les assemblées électorales de 1789, rêvées par Louis XVI et qui eussent fait de la France le pays le plus libre de l'univers, en étendant à toutes ses provinces, l'organisation si libre du Languedoc, de la Provence et de la Bretagne, et en détruisant les abus déjà presque tous tombés en désuétude de l'ancien régime. Le drapeau tricolore a flotté sur l'échafaud du roi martyr, il a proscrit la religion, il a essayé de la détruire en la noyant dans le sang. Il a détruit cette république qu'il avait fondée et lui a subsitué la dictature d'un soldat de génie dont il fit un empereur. Dans ses mains, il s'est couvert, il est vrai, de noms de victoires, mais victoires stériles à fonder, utiles seulement à détruire. Charlemagne avait fait l'Europe chrétienne, Napoléon la détruisit. Il détruisit sur nos frontières cette ceinture de petits Etats, amis de la France, pour leur substituer forcément les grands empires dont le voisinage devait nous devenir si fatal. Il fut sur le point de détruire la France elle-même, jetée par ce joueur forcené au basard des batailles, comme un enjeu de la monarchie universelle qu'il voulait atteindre.

« Bientôt les désastres succédèrent aux triomphes pour le drapeau tricolore. Après

Leipsig et Waterloo, l'étranger fut deux fois maitre de la France, et l'aurait impitoyablement démembrée, si le drapeau blanc des rois Capétiens n'était venu empêcher ces abus de la force, panser ses blessures, lui rendre ses alliances et la sécurité perdues. Ce ne fut malheureusement que pendant 15 ans et le drapeau de la révolution revint trop tôt pour recommencer à détruire. Que de régimes il a fondés et laissé renverser! Que de grandeurs nationales il a défaites dans ces quarantes dernières années! Royauté élective détruite 18 ans après avoir été fondée; république de 1848 détruite en 1851; mais, c'est sous le second empire que se sont accomplies les destructions les plus fatales. A l'intérieur, destruction systématique de l'esprit religieux et de l'esprit d'honneur au profit des mauvaises passions favorisées; à l'extérieur, destruction des petits Etats italiens, nos amis naturels, remplacés par l'Italie une, notre ennemie naturelle; destruction de la dualité de l'Allemagne, dans notre sotte guerre de 1859 qui a annulé l'influence de l'Autriche au profit de la Prusse; enfin, pour couronner l'œuvre, destruction de l'unité et du prestige de la France dans la derniére guerre, entreprise sans préparatifs et sans alliances, nos finances épuisées, deux provinces les plus héroïquement françaises forcément livrées à l'étranger. Voilà le bilan des deux drapeaux.

« La France choisira entre les deux, elle se prononcera pour celui qu'elle croira le plus propre à la relever de ses désastres. Mais, si elle veut fonder le vrai gouvernement avec le roi de France qui ne conspire pas, qui ne s'imposera pas, elle sait maintenant qu'elle ne l'aura que tout entier avec son dévouement, son principe et son drapeau. Eugène de Marin. »

Le vrai drapeau national est maintenant connu; il commence à Jeanne d'Arc c'est-à-dire au moment le plus prodigieux que présentent les annales d'aucun peuple. Il est triplement national par ses hauts faits, son antiquité et les prodiges miraculeux qui ont signalé son berceau. Quel est le peuple qui nous montrera une Jeanne d'Arc et la divinité combattant pour lui? Il n'a jamais commis de crimes à épouvanter l'humanité; partout où il a paru, il a été synonyme de religion et de civilisation; les plaines de l'Amérique gardent encore son souvenir et les rivages du Gange sont restés barbares depuis que le léopard d'Angleterre l'a remplacé. Le drapeau blanc est le drapeau de l'ordre, de la religion, de la famille, de la propriété.

Le drapeau tricolore est tout le contraire. Né dans le sang, il s'y complait et il a failli s'y noyer avec la Commune de Paris. Tous les peuples en révolte l'adoptent. Il est cher à tous les révolutionnaires jacobins ou autres. Peut-on appeler national celui qui a amoindri la France de deux provinces, qui a appelé trois fois l'étranger chez-nous, qui a fait ou laissé faire les horreurs de la révolution, les mariages républicains, les massacres des carmes et de Versailles, le meurtre de la famille royale, la révolution de 1830 et la Commune à jamais infâme de Paris? Enfin pour tout dire, peut-on appeler national le drapeau de l'odieuse dynastie des Buonapartes?

Quant au drapeau blanc, il est sans tache. Républicains, regardez-le bien, il a fait ce que vous ne ferez jamais et il ne fera jamais ce que vous avez fait.

Nos pères l'ont fait flotter devant eux aux grandes journées de notre histoire; il avait fait la France, grande, heureuse, prospère; vous, vous l'avez faite petite, malheureuse et pauvre, et elle ne se relèvera des désastres amenés par vous que le jour où, aux acclamations de tous, ce drapeau immaculé rentrera triomphant à Versailles, porté dans la main d'un roi sans tache.

Les révolutionnaires feignent toujours

d'appeler le drapeau tricolore, le drapeau national, parce que, pour eux, c'est le drapeau de la révolution qui a commencé aux premiers mauvais jours de 90 et que dans leur esprit la révolution, c'est la France et que cette dernière a répudié tout son passé pour ne compter que depuis 89. Ces messieurs font pitié, volontiers, s'ils pouvaient, ils effaceraient le passé de la mémoire des hommes; ils n'osent pas dire crument *c'est le drapeau de la révolution*, crainte de lui nuire, et alors par euphémisme, ils disent drapeau national; grâce à ce mot ronflant, ils font passer leurs couleurs; ils savent que les simples ne raisonnent pas, que la masse est indifférente et que ceux qui raisonnent et qui savent sont en petit nombre; malgré elle ils veulent faire passer la France pour révolutionnaire et se disent : *le pavillon fera passer la marchandise*. Il est évident que la révolution, devant avoir un drapeau, ne pouvait avoir que celui de ses commencements; si c'est le drapeau de la révolution, il ne peut être celui du pays qui l'a en horreur, s'il n'est pas celui du pays, il est celui de la révolution pure, il n'est donc pas national.

Ici il ne faut pas se laisser piper par les mots et dire : *Mais, si la France l'a adopté, il est national*. Non, car la révolution le lui a imposé et la preuve, c'est qu'il vient avec elle et qu'il disparaît de même.

Il devient maintenant facile de prouver que si ce drapeau n'est pas national, il ne peut être et ne peut rester celui des d'Orléans. Que dans le passé cette famille l'ait adopté on le comprend; alors le père, le grand père et l'arrière grand'père des princes actuels s'étaient révoltés contre les chefs de leur famille les rois Louis XVI et Charles X. Mal leur en a valu. Philippe d'Orléans est mort sur l'échafaud, car la révolution ne croit pas et ne peut croire aux princes révolutionnaires et elle fait bien. Louis Philippe 1er, roi des Français, est mort en exil *comme Charles X*. Une main invisible et vengeresse a toujours fait subir aux d'Orléans la peine du talion. Une force mystérieuse semble les pousser par le châtiment à revenir en arrière, à adorer ce qu'ils ont brûlé et à brûler surtout ce qu'ils ont adoré; du reste ces princes semblent l'avoir parfaitement compris et jusqu'ici la conduite du comte de Paris a été exempte de reproches (1). En cessant d'appartenir à la révolution, les d'Orléans doivent cesser par cela même d'être tricolores; il faut qu'ils dépouillent

(1) Ces lignes sont écrites il y a plus de huit mois. Depuis lors, la situation des princes n'est plus la même, et je crois que l'appréciation de leur conduite serait plus sévère.

complètement le vieil homme, et leur amour pour ce drapeau ne se justifierait nullement; il serait au contraire, entre eux et le chef de leur auguste race, comme un souvenir douloureux sans cesse présent; il donnerait à penser que le retour aux vrais principes n'est pas sincère, un nuage plânerait toujours sur leur conduite, ils sembleraient regarder en arrière, regrettant la route nouvelle parcourue par eux.

Cette obstination au drapeau de la révolution cadrerait mal avec la conduite actuelle de M le comte de Paris qui, d'après ce que disent les journaux, n'a pas répudié le manifeste de Chambord et ne l'a nullement regardé comme une rupture. Donc, en cas de *fusion*, la question se pose ainsi pour eux : ou vraie *fusion*, ou fausse *fusion*.

Si c'est la vraie, il faut qu'ils adoptent le manifeste de Chambord tout entier, ce sera leur scission complète d'avec la révolution. Ils se poseront sur un nouveau terrain, et la révolution recevra un coup mortel, car, si les peuples semblent la suivre, ce sont les princes qui lui ont donné la vie et qui la font vivre. Si, par impossible, une fausse fusion prévalait, eh bien, je ne crains pas de dire que la révolution ne serait nullement enrayée, le passé tout entier se dresserait devant nous, nous reculerions au lieu d'avancer et une nouvelle ère de malheur se lèverait pour la France.

Le drapeau tricolore n'est qu'une transition du blanc au rouge, de l'ordre au désordre. C'est la révolution bourgeoise avant d'arriver à celle de la rue. La révolution bourgeoise a montré ce qu'elle était, ce qu'elle valait, où elle nous conduisait. Nous avons vu le drapeau rouge à l'œuvre. On sait ce qu'a fait le drapeau blanc, ce qu'il représente réellement. Il ne peut donc y avoir que deux drapeaux en présence : le blanc et le rouge ; l'option est forcée.

Cette question de drapeau, qui ne semble aux esprits superficiels qu'une question de couleur sans importance, est au fond la question la plus sérieuse et la plus importante de toutes, car elle représente d'un côté la révolution, de l'autre, l'ordre et la prospérité. Qu'on ne vienne pas nous dire que le drapeau tricolore concilie tout, car en ce siècle de lâches compromis de toute espèce, nous savons où on en arrive en abandonnant des principes sûrs, pour en adopter d'autres d'entre deux, qui mènent aux abîmes, aussi bien que les plus mauvais ouvertement avérés.

Le drapeau tricolore n'est qu'un pont jeté entre l'ordre et le désordre, où il semble que les deux partis se soient donnés rendez-vous comme sûr un terrain neutre et nouveau. Les non royalistes semblent dire à ceux qui le sont : « *Voyez, ce n'est pas le drapeau de l'anarchie et de la Commune, c'est celui de la pure révolution de 89. Sur ce terrain, il est permis aux honnêtes gens de s'entendre. La canaille a le drapeau rouge, eh bien, que le grand parti de l'ordre adopte le tricolore; aussi bien le drapeau blanc est impossible, vous le savez, nous le saluons avec respect, mais enfin, il n'est plus de mode; il n'est plus, il n'est pas national.* » J'ai répondu plus haut à cette erreur historique et à ce mensonge politique du drapeau tricolore soi-disant national. Je n'y reviendrai donc pas, la question se pose autrement.

Oui, ceux qui prétendent que c'est la révolution de 89 qui suit sa marche et que le drapeau tricolore est le sien, ont raison. C'est la révolution bourgeoise au lieu de celle de la canaille, c'est la révolution par en haut, en attendant celle par en bas qui nous talonne, de sorte que la société chrétienne est menacée d'être écrasée entre elles deux. Donc, depuis 1789 jusques à nos jours, nous avons vu à l'œuvre la révolution d'en haut, celle de la noblesse et de la haute bourgeoisie, celle qui nous a valu 89 et ses suites jusques à l'Empire inclusivement et qui n'a pas manqué de faire sien ce drapeau si vanté.

Ils savent qu'en France, où les apparences sont tout, il suffit d'être rusé pour faire tout accepter et d'avoir souvent le mot, l'ombre de la chose au lieu de la chose elle-même.

La révolution et l'Empire dirent donc aux classes bourgeoises : « *Messieurs, vous êtes libres, la grande révolution vous a émancipés, saluez son noble drapeau et, tant qu'il flottera sur vos têtes, vous serez libre; honte au drapeau blanc, si jamais il revient, vous serez esclaves!* » *Eh bien, chose étonnante, les bourgeois l'ont cru*; l'empire avait fait de la France une nouvelle Turquie, mais on était libre, n'avait-on pas le noble drapeau? On chantait :

Veillons au salut de l'Empire,
Que chacun conserve ses droits,
Si le despotisme conspire,
Conspirons la perte des rois.

C'était une lugubre bouffonnerie, mais on y mordait, la masse du moins; les habiles savaient bien ce qu'ils disaient, ils riaient sous cape de ce peuple imbécile, et, quand la restauration vint avec son glorieux et immaculé symbole, on cria au peuple, qui sortait du despotisme de l'Empire, qui avait la *constitution écrite selon le goût moderne*, la plus libre qui fut jamais, qui était tellement libre qu'il en abusait étrangement, on lui cria dis-je, qu'il était esclave, que les Bourbons étaient des tyrans, et que le drapeau blanc représentait le despotisme ! et il le crut ! Oh Tacite! de quelle cruelle et éternelle épithète flétririez-vous ce peuple? Au reste Dieu le punit, il est en révolution depuis 80 ans, il ne peut en sortir, et chaque pas qu'il fait pour s'en tirer le plonge de plus en plus dans le gouffre.

Donc nous avons eu, si je ne me trompe, cinq sortes de révolutions, dont une terrible, 93, et quatre honnêtes. Révolution honnête, quel accouplement ! et combien ce mot, que nous entendons souvent retentir à notre oreille, nous indique le trouble des intelligences.

Toute révolution est donc impuissante. La meilleure, c'est-à-dire la moins terrible dans ses résultats immédiats, celle de 1830, a montré ce qu'elle était; impuissante, elle a soulevé toutes les questions, posé tous les problèmes, cru deviner beaucoup d'énigmes, et ce mot fatal : *impuissance* revient à tout instant comme une injure sanglante jetée à sa face. Elle accuse les hautes classes et le clergé de lui être hostilès. Un coup de main lui donne le pouvoir et, pendant

18 années, elle a eu la lice ouverte, s'y est précipitée en aveugle, et au retour, on a pu lui crier : *impuissante !* rien ! rien !

Je me trompe, elle avait fait éclore le socialisme, le plus terrible danger que puisse courir la société. *Abyssus, abyssum, invocat*, dit l'Ecriture : un abîme appelle un autre abîme. Le peuple a voulu avoir son tour. L'exemple parti de haut lui a plu, l'a leurré. La bourgeoisie a eu son tour, s'est-il dit, pourquoi n'aurais-je pas le mien. On lui a répondu par des fusillades et des exils mais celà ne tue pas une idée, quelque mauvaise qu'elle soit. C'est par d'autres remèdes qu'on guérit de tels maux. 1848 arrive. On le salue avec acclamation, car c'est le propre des Français de saluer avec bonheur tout pouvoir qui arrive, sauf à le maudire six mois plus tard. Du reste, ce brusque changement dans les idées a une raison. Toute révolution étant mauvaise par elle-même, on se figure que celle qui suivra sera meilleure, au lieu qu'elle est pire. Certes l'empire de Buonaparte III valait beaucoup moins qne 1848 et le peu de bonnes lois qu'avait faite cette époque, cet homme néfaste les a ou falsifiées ou abolies. La commune de Paris et le gouvernement du 4 septembre valent moins que tout ce qui les a précédés et qui sait ce que nous sommes destinés à voir. Le peuple vient d'avoir son tour à Paris, il voudra l'avoir en province. Alors je crois qu'il ne restera plus rien à connaitre en fait de mal. Mais ici, il se produit un changemement dans le drapeau; du tricolore on passe au rouge et çà se comprend.

La société régulière et parfaite (autant que la perfection est de ce monde pourtant) a eu le sien, le blanc; la société imparfaite de la pure bourgeoisie, le tricolore; et le peuple, qui déteste la bourgeoisie, veut le sien, c'est-à-dire la couleur du sang qu'il aime et qui peut-être l'étouffera.

Et maintenant, devant tous ces épouvantements que fait-on, à l'aspect de la société affolée de terreur, devant l'incendie qui brûle encore et qui dit-on se rallume ailleurs, qu'attend t-on? On recule, on remonte la pente des révolutions qu'on venait de descendre, sans doute pour redescendre plus rapidement et, dans un choc suprême, briser la société en mille pièces. Là où il aurait fallu rompre avec un passé déplorable, on le caresse, et lorsque la société, qui veut vivre, tâche de se sauver en nommant en masse des représentants de la vraie monarchie, on la tracasse, on se jette en travers de ses aspirations légitimes, et lorsqu'un prince illustre lui adresse un sublime et religieux appel, on lui répond : « *Recede a nobis, scientiam viarum tuarum nolumus* : retire-toi de nous, nous ne voulons pas connaître la science de tes voies. » Y serons-nous à temps plus tard ? Peut-être, mais enfin, espérons, car *Dieu a fait les nations guérissables*.

Voilà donc l'histoire de la révolution de 80 ans, ou du drapeau tricolore, esquissée en quelques lignes. La société qu'il représente a été reconnue impuissante; il faut donc qu'elle prenne une autre voie, qu'elle suive d'autres principes sous peine de mourir. Et voilà qu'une voix qu'elle ne voulait pas écouter aux jours où elle se croyait triomphante, la même voix prophétique qui lui criait aux beaux jours trompeurs de l'empire: « On se trompe et on vous trompe ! » cette voix, dis-je, lui crie de nouveau : « Quand vous le voudrez. « Seulement, pas d'équivoque, pas de pacte avec le mal. Je reviendrais avec le drapeau de ma race et de mon pays, « avec le drapeau de Jeanne d'Arc et d'Henri IV, car « Henri V ne peut abandonner le drapeau blanc d'Henri IV, c'est-à-dire je reviendrai roi selon l'ordre, et non selon le droit révolutionnaire. Je vous donnerai ce que le cours régulier des âges semble demander, mais rien au-delà. En un mot, je pose nettement mon drapeau vis-à-vis celui de la révolution plus ou moins déguisée, car le drapeau tricolore a amené le drapeau rouge, et le blanc seul fera reculer cet odieux symbole. » En effet, pour beaucoup d'esprit qui ne raisonnent jamais, il semble qu'il ne s'agisse ici que d'une couleur, lorsqu'il s'agit au contraire de l'avenir de la société. En affirmant son drapeau, le prince a affirmé l'ordre vis-à-vis du désordre, il a posé fièrement son drapeau devant le drapeau rouge et, parmi ses ennemis, ceux qui ont conservé encore quelques notions vraies d'un gouvernement régulier n'ont pu s'empêcher de l'admirer.

Cette question de drapeau cache donc une question de vie ou de mort, une question sociale pour la France; c'est le retour aux vrais principes qui ont fait autrefois sa force et sa grandeur, et c'est l'abandon de ceux qui l'ont faite faible et qui, finalement, l'ont jetée des mains d'un vil despote, sous le talon de l'étranger. Quoi, le roi légitime aurait fait comme un vil forban qui couvre son navire d'un pavillon étranger pour en sauver la cargaison! Il aurait abrité sous le drapeau tricolore, le drapeau de la révolution bourgeoise, tous les grands principes dont il a le dépôt! Oh non, cela ne se pouvait. Sa grande âme s'est révoltée à cette idée et le grand manifeste a ébranlé le monde trop longtemps engourdi.

Mais après tout, que représente ce

drapeau blanc dont on feint une si risible terreur. Eh mon Dieu, il représente la société régulièrement et sagement constituée. Avec lui, dit le roi : « Je vous apporterai l'ordre et la liberté. » « Dieu « aidant, nous fonderons ensemble, et « quand vous le voudrez, sur les larges « assises de la décentralisation adminis- « trative et des franchises locales, un « gouvernement conforme aux besoins « réels du pays. Nous donnerons pour « garantie à ces libertés publiques aux- « quelles tout peuple chrétien a droit, le « suffrage universel honnêtement prati- « qué, et le contrôle de deux Chambres « et nous reprendrons, en lui restituant « son véritable caractère, le mouvement « national de la fin du dernier siècle; » c'est-à-dire nous ferons *ce qu'on fait vos pères conduits par les miens.*

Nous rendrons de nouveau la France grande, heureuse et prospère. Nous fonderons un nouveau pouvoir qui se ressoudera à l'ancien. Nous aurons une administration vigilante, économique et probe. La religion et ses ministres seront respectés, les droits de tous seront sauvegardés, les libertés publiques et privées garanties, une nouvelle ère de rénovation sociale s'ouvrira pour la France, mais nous n'aurons pas commencé par une apostasie et un mensonge.

Maintenant il ne faut plus tergiverser, la question est posée nettement. On dit que poser un problème, c'est le résoudre. Eh bien, il est résolu. Le voici : lequel drapeau vaut le mieux : le blanc ou le rouge? Être ou ne pas être, voilà le terrible dilemne posé devant la société. Et qu'on ne vienne pas maintenant faire des objections puériles et dire qu'on aurait tort de s'arrêter aux choses matérielles, que peu importe la couleur pourvu que la réalité reste. J'ai déjà répondu implicitement à toute objection de ce genre dans les pages précédentes, et je résumerai la réponse aux objections d'où qu'elles viennent et de quelque nature qu'elles soient, par cette phrase qui résume tout: Non, jamais le drapeau tricolore ne saurait être le drapeau de la légitimité. Non, le drapeau qui a tué Louis XVI ne saurait être celui d'Henri V et des Français. Non, le drapeau tricolore qui a acclamé toutes les révoltes, tous les coups d'état et que toutes les révoltes, tous les coups d'état ont acclamé, non, celui-là ne saurait être celui du pays. Non, il ne saurait se dire national celui que les Prussiens nous ont pris. Faisons donc comme firent nos pères lorsque les Anglais le leur prirent ; — abandonnons celui qu'ils ont conquis et prenons celui qui n'a jamais été pris.

Quant au drapeau rouge, ce serait faire injure au lecteur que de le discuter, car la conduite de ceux qui le portent est la plus terrible objection qu'on puisse lui adresser. Seulement, ce qui prouve qu'une couleur est quelquefois un principe puissant, c'est ce fait du drapeau rouge actuellement en horreur à tout cœur honnête qui, dans le passé, s'appelait l'oriflamme, et a été rendu célèbre par le courage et la gloire de nos pères, qui le portaient devant eux. Alors, il représentait la gloire de la patrie, comme aujourd'hui il en représente l'infâmie. Donc, un drapeau, c'est un principe avec lequel on ne peut guère transiger sans danger, car une concession en amène une autre, et il y en a déjà trop. Donc, le rouge représente le désordre, et le blanc, l'ordre; donc, il faut opter; donc, le drapeau blanc représente l'ordre; il est donc le drapeau de la société régulière française avant d'être celui du roi.

V

DE L'HONNÊTETÉ POLITIQUE, DE LA FRANCHISE. — C'EST LA MEILLEURE ET LA VRAIE POLITIQUE. — TRADITIONS DE LA FAMILLE DES BOURBONS. — DU MACHIAVÉLISME ET DE LA MALHONNÊTETÉ POLITIQUE. — RÉUSSIT-ELLE ? POUR UN MOMENT OUI, MAIS LES SUITES EN SONT DÉSASTREUSES.

Depuis de nombreuses années, on pourrait même dire depuis plusieurs siècles, l'honnêteté et la franchise ont été chassées de la politique. On dirait vraiment que depuis cette époque on ne peut gouverner les peuples qu'en les trompant et que la société est une association de malhonnêtes gens où il n'y a que des trompeurs et des trompés.

Etre honnête, c'est être habile, ai-je dit en commençant, et je maintiens cet aphorisme. M. de Talleyrand, qui passe pour un diplomate habile, a dit : *La parole a été donnée à l'homme pour déguiser sa pensée.* Je ne sache rien de plus immoral et de plus impie même que cette cynique assertion. M. de Talleyrand était un triste personnage bien surfait qui appartenait à cette école révolutionnaire où la ruse et la duplicité passaient pour de l'habileté.

Ouvrez l'histoire de notre malheureux pays depuis la révolution et vous remarquerez ce grand fait : que tous les gouvernements qui ont été honnêtes et francs ont fait de grandes choses, et que les autres ont misérablement échoué.

L'homme honnête, intelligent et instruit n'est jamais double ; ses qualités lui suffisent, au lieu que le malhonnête supplée à l'habileté qui lui manque par la ruse, la tromperie, le mensonge.

Dans un combat singulier, quel cas fait-on de l'homme qui se débarrasse de son adversaire par des moyens que le vrai courage réprouve ? On le chasse, on le frappe honteusement en le déclarant traître à l'honneur, on l'appelle même *assassin*; sans doute, les feintes sont permises sous les armes, car l'adversaire peut les connaître et les retourner contre vous. Dans l'art de gouverner les hommes, il n'en est pas ainsi, l'habileté et la moralité ne s'apprennent pas comme l'escrime. L'habileté est un don et la moralité une loi divine. Pourquoi tromper? Pourquoi parler d'une manière et agir d'une autre. Sans doute, l'habileté consiste à ne dire que ce qu'on veut et quand on le juge convenable, *trop parler nuit*, et il est à remarquer que les grands ministres, les grands régisseurs des peuples, ont tous été de fins diplomates, aussi ont-ils laissé un grand nom et constitué de grands peuples.

Qu'on en soit persuadé, la ruse et la

violence ne fondent rien, elles détruisent au contraire. Tout le monde, si on les emploie, se méfie de vous et, pour réussir, il vous faut déployer beaucoup plus d'efforts de persuasion que si votre réputation de franchise était bien et solidement établie.

La famille des Bourbons a toujours eu en Europe une grande réputation de loyauté et de franchise. Dynastie éminemment nationale, elle a agrandi la patrie, par la gloire militaire et par des alliances loyalement contractées ; sa diplomatie n'était pas fourbe, quoiqu'elle fût souvent d'une habileté surprenante ; elle savait tirer parti des événements, et avait fini par être l'arbitre toujours consulté dont les arrêts en dernier ressort furent toujours craints et respectés. Royauté très-chrétienne et fille aînée de l'Eglise, elle avait fondu admirablement la politique et la religion dans un harmonieux ensemble, car, suivant le précepte de M. de Bonald, elle traitait la politique religieusement et la religion politiquement. L'équilibre des Etats européens était le résultat de cette belle politique, et Frédéric II de Prusse ne pouvait s'empêcher de s'écrier, en voyant les fautes des ministres philosophes de Louis XV, *si j'avais l'honneur d'être roi de France, il ne se tirerait pas un seul coup de canon, en Europe, sans ma permission*. Hélas ! que ces temps sont changés, et tellement que tout bon Français se demande anxieusement s'il reverra jamais ces beaux jours.

Un écrivain, qu'on ne saurait trop flétrir, Machiavel, a écrit un livre où il enseigne que l'art de gouverner les hommes est en même temps celui de les tromper. Il en donne les règles précises et on peut dire que de lui date cette funeste école qu'on a appelée de son nom, Machiavélisme. Ecole abominable qui ravale l'homme en nous le montrant sous son plus mauvais aspect, où les gouvernants sont montrés comme les ennemis de leurs gouvernés et où ces derniers n'ont, pour se garantir de la fureur de leur maître, que le poignard, le poison ou la révolte. Secte épouvantable, véritablement fille de l'Italie, que sa faiblesse rend méchante et qui supplée au courage par la ruse et la duplicité. Chaque fois que cette politique diabolique s'est transplantée chez nous, elle y a produit des crises violentes. Témoins la politique de Catherine de Médicis vis-à-vis des protestants, qui aboutit à un crime horrible: la Saint Barthélemy ; celle de Mazarin qui produit la Fronde, et prépara le despotisme de Louis XIV, despotisme qui, quoique glorieux, n'en a pas moins porté un coup fatal à la monarchie, et enfin, celle de

Buonarparte III qui, vis-à-vis de la Papauté, dépasse ce qu'il y a de plus honteux, de plus lâche et de plus perfide.

En effet, jamais on n'avait vu la diplomatie d'un grand peuple s'abaisser à ce point contre un saint vieillard, et employer ce qu'il y a de plus vil, de plus fourbe, de plus hypocrite, à détruire ce qu'il y a de plus saint, de plus respectable et de plus grand. Mais combien cette homme néfaste en a été puni et avec lui la France, sa complice involontaire. La malhonnêteté politique ne réussit pas plus que celle des gens que l'on traduit en cour d'assise ou en police correctionnelle. Tôt ou tard, la vengeance apparaît, quelques fois lente, mais toujours inexorable. Partout et toujours, les peuples sont punis ici bas de leurs fautes, ou de celles de leurs souverains, car chaque nation a toujours le gouvernement qu'elle mérite, surtout la France qui ayant la prétention d'être souveraine, et de se donner le gouvernement qui lui plaît, participe par celà même d'avantage aux fautes et aux crimes de ceux ou de celui qu'elle a cru placer elle-même à sa tête. C'est une loi de l'histoire. On l'y trouve écrite à chaque page, et malheur au peuple et aux rois qui la violent. Nous savons ce que la Providence a fait des deux buonapartes, nous verrons bientôt ce qu'elle fera du malheureux Victor Emmanuel.

Il y en a beaucoup qui se figurent que la fin justifie les moyens et que *la force prime le droit*. Mais l'implacable histoire nous apprend que tôt ou tard justice est rendue, que la prospérité des méchants n'est que passagère et que la force du droit l'emporte sur le droit de la force. Le roi prophète s'écriait, il y a tantôt trois mille ans : *Vidi impium super exaltatum, et elevatum super cedros libani. Et transivi et ecce non erat : et quæsivi eum, et non est inventus locus ejus* : « j'ai vu l'impie grand, élevé comme le cèdre, et j'ai passé, et il n'était plus ; je l'ai cherché, et je n'ai pas trouvé sa place. (Ps. 36. v. 35-36.) » Où sont aujourd'hui les dynasties pécheresses? Et quels fléaux n'atteignent pas les peuples prévaricateurs.

VI.

DE LA FERMETÉ DANS LES PRINCIPES. — UN GOUVERNEMENT QUI N'A PAS DE PRINCIPES PEUT-IL VIVRE? — QUELS SONT LES GOUVERNEMENTS QUI ONT LE PLUS VÉCU. — QUELS SONT CEUX QUI ONT LE MOINS VÉCU?

Notre siècle, affadi par tant de révolutions, semble avoir perdu toute notion pure du bien et du mal; pour lui, tout est contingent, relatif, il n'y a rien d'absolu, sauf bien entendu les principes révolutionnaires, les immortels principes comme on les appelle. Aussi est-il fort rare de rencontrer un homme ferme; l'éclectisme s'est glissé partout et, faute du bien absolu, on cherche le moins mal. L'attaque des vérités religieuses a amené celle des vérités politiques et le scepticisme envers les dernières n'est que le corollaire du mépris qu'on a pour les premières. Ceux qui ont résisté au torrent, qui sont restés fermes, sont montrés au doigt : on les appelle réactionnaires, encroûtés, revenants, etc., et le théâtre les a joués sur ses planches. Tous les gouvernements qui se sont succédé chez nous, depuis 89, n'ont pu vivre; on s'étonne de leur mort qui a une cause bien simple, l'absence de tout principe, sauf les immortels bien entendu; et, à ce propos, je remarquerai en passant, que ces immortels principes de 89 donnent la mort à tous les gouvernements qui les invoquent. La Restauration même n'a pu échapper à ce vice originel; elle a voulu mêler le vrai et le faux et ce mélange lui a donné la mort.

En effet, un gouvernement, pour vivre, ne peut invoquer des principes abstraits et nouveaux; en politique, comme en religion, il ne se découvre pas de vérités nouvelles; les sociétés humaines vivent toutes sur le même fonds; elles peuvent bien le modifier selon les temps et les âges, mais le principe reste le même: *non nova sed nove.*

Pour vivre, nos sociétés modernes auraient besoin de fermeté, d'une base inébranlable, et, loin qu'il en soit ainsi, on a horreur de tout cela. La fermeté est imputée à crime et l'on ne manque pas de crier alors à la tyrannie. Cependant, il en est des gouvernements comme des hommes; de même que ces derniers ne peuvent vivre sans règles et sans lois, de même les premiers ont leurs principes invariables sans lesquels tout n'est que mort et corruption. République ou monarchie, tous ont leurs lois et celui qui s'en écarte ou les viole, meurt. L'Amérique a les siennes comme la Suisse, comme la France; ces lois sont, si l'on veut, plus ou moins bonnes, plus ou moins naturelles, plus ou moins analogues; mais enfin ce sont des lois, elle les suit, elle vit, et le jour où elle les violera, elle tombera en dissolution ou se recomposera d'une autre façon.

Demander maintenant si une société peut vivre sans lois politiques fixes, s'appuyant sur une base solide, c'est demander si le corps peut vivre sans l'âme. Sans doute, dira-t-on, les sociétés modernes vivent, trop même, puisqu'elles sont toujours agitées; à cela, je répondrai, oui, elles vivent comme le fou, qui remplit toutes les fonctions de la vie animale, mais dont la vie spirituelle est morte ou endormie. Les sociétés sont folles, au pied de la lettre, et la preuve, c'est qu'on ne peut les gouverner, comme les fous, que par la force brutale; sans cela, elles font des folies, et, pour s'en convaincre il n'y a qu'à voir l'histoire de France depuis 1789 jusqu'à la commune de 1871.

Interrogeons maintenant l'histoire et demandons-lui les enseignements du passé. Toujours et partout, elle nous nous montre les bons gouvernements ayant une durée longue et prospère, et les mauvais, une bien éphémère. Parmi ceux qui ont le plus vécu, on remarque les monarchies en majorité et, parmi les républiques, celles qui s'approchaient le plus de la monarchie, comme celles de Rome et de Sparte. Les démocraties et surtout les démagogies n'ont fait, pour ainsi dire, que passer, et leur courte existence a été sans cesse agitée.

Mais je ne m'occupe que des états modernes et chrétiens; car, ne l'oublions pas, c'est du christianisme que date un nouveau monde politique, dont l'ancien était l'antipode. — Les malheurs de notre histoire viennent de cette funeste évocation du passé qui veut sans cesse introduire dans notre civilisation, fille de l'évangile, les erreurs, les abus et on peut même dire les horreurs du paganisme. Restons ce que nous sommes, chrétiens, sous peine d'être ce que nous n'avons jamais été, pire que des payens. Ne l'oublions pas, plus on tombe de haut, plus la chûte est mortelle, et le christianisme nous a élevés si haut, que toute chûte de ces sommets sublimes, ne peut que nous briser sans retour. On peut sans crainte, appliquer à la corruption des sociétés chrétiennes ce qui se dit de celle du sacerdoce, *corruptio optimi pessima* : la corruption de ce qu'il y a de meilleur devient ce qu'il y a de plus mauvais. C'est ce que nous avons vu.

La révolution française a étalé des horreurs inconnues un monde payen, et une réunion de religieux, de prêtres apostats, et de philosophes renouvelés des payens, ont donné au monde le plus affreux des spectacles; anges déchus, ils en ont eu toute la malice, ce qui a fait dire à un grand esprit que la révolution était satanique. Mais, laissons ces affreux spectacles et ne nous occupons que des sociétés régulières et chrétiennes.

La vieille société française et chrétienne qui date de Clovis, a duré jusqu'en 1789 et s'est relevée de ses désastres; elle dure encore. Les Etats chrétiens de l'Europe durent encore, ils se sont transformés, jamais détruits, et depuis l'établissement de la chrétienté, ce spectacle affreux de nations disparaissant sans retour, au pied de la lettre, ne nous a pas été donné. La Pologne seule a disparu comme corps politique, et cent ans de servitude n'ont pu effacer ni sa langue, ni son peuple. L'Espagne, la France, l'Angleterre, l'Irlande, l'Autriche, le Portugal, sont des nations fort vieilles et qui ne sont pas prêtes à périr; les autres nations de l'Europe se transforment mais ne périssent pas, car le christianisme les a imprégnées de sa sève qui donne l'immortalité. Si nous jetons un rapide regard sur les gouvernements révolutionnaires, nous les voyons tous disparaître avec une rapidité prodigieuse. Nés de la violence, ils meurent de ce qui leur donna la vie; n'ont-ils pas rejeté la religion, cet arome qui conserve, pour prendre la philosophie, ce poison qui tue? L'on remarque que parmi tous ces gouvernements, enfants de la révolution, les plus vivaces ont été précisément ceux qui avaient conservé le plus de christianisme dans leur sein. Donc, les gouvernements qui vivent le plus sont les gouvernements chrétiens et honnêtes, et, ceux qui vivent le moins, les révolutionnaires et les malhonnêtes.

VII

LA FRANCE ACTUELLE A-T-ELLE UNE TRADITION ? OUI. — EST-ELLE SUIVIE ? NON. — PEUT-ELLE L'ÊTRE ? OUI. — ESPRIT DU PEUPLE FRANÇAIS. — CAUSE DE SA MOBILITÉ PLUS APPARENTE QUE RÉELLE. — ESPRIT DE LA PRESSE. — CORRUPTION ET IGNORANCE PUBLIQUE.

Demander si une nation qui a vécu quatorze siècles, sans constitution écrite, a une tradition, c'est demander si une nation qui a vécu et qui vit peut vivre encore. Evidemment, on n'improvise pas une nation comme de nos jours on bâcle une constitution écrite. Je dirai même malheur à la nation qui n'a qu'une constitution écrite. C'est une preuve qu'elle n'a pas de tradition, ou qu'elle a rompu avec elle ; par contre, heureuse la nation qui n'a pas de constitution écrite mais qui a une tradition : elle grandira, et, comme le grain de sénevé de l'Evangile, elle deviendra un grand arbre. Ce qui a fait et fera toujours la force et la gloire des Bourbons de la branche aînée, c'est que précisément ils ont toujours suivi cette tradition nationale, et, chose remarquable, chaque fois qu'ils l'ont abandonnée, on dirait que la fortune les a délaissés à son tour. Depuis quatre-vingts ans, la France vit loin de ses traditions nationales, et, depuis lors, elle est dangereusement malade. Ce qui précisément fera la gloire d'Henri V, c'est qu'il renouera la chaîne rompue et reliera le monde ancien au monde moderne. Les imbéciles lui reprochent cela comme un crime. Ce sera son plus beau titre dans l'avenir ; l'histoire lui rendra un éclatant hommage ; il s'annonce vraiment comme l'homme de notre temps ; seul il peut souder et réunir à jamais, dans une fraternelle alliance, ce qui semble n'être plus et qui cependant existe, le passé, c'est-à-dire la tradition nationale, avec ce qu'on appelle la société moderne qui ne peut se fonder malgré quatre-vingts ans d'essai; car elle est sans racines, les ayant laissées dans le passé, et le passé d'une nation, c'est la terre forte et meuble où elle croît et s'épanouit à l'aise La France a donc une tradition, mais elle n'est pas suivie; elle peut l'être puisque son malaise de quatre-vingts ans provient précisément de son abandon. Le comte de Chambord, comme je le disais plus haut, est donc l'homme indispensable et nécessaire qui résume en lui le passé et le présent : ce serait bâtir en vain que de bâtir sans lui et contre lui. Son manifeste du 5 juillet nous l'a fait connaître ainsi, et, sous une question de drapeau, la véritable question fondamentale est apparue. L'acte du 5 juillet est plus qu'un manifeste, c'est un programme qui doit être suivi et qui le sera, sous peine de mort Le dernier essai est celui que nous faisons, après il n'y a plus rien qu'Henri V ou le néant. L'esprit du peuple français s'est profondément altéré depuis la révolution. De religieux et monarchiques on nous a fait sceptiques et ingouvernables. Il est vrai que Paris représente presque en tout la France et qu'ici la la partie représente trop souvent le tout. Mais comment un peuple, pour aussi bien trempé qu'on le suppose, aurait-il supporté sans altération d'aussi longues et d'aussi rudes épreuves. Ce qui m'étonne, c'est que le mal ne soit pas pire ; on peut dire que si son esprit général n'est pas changé, il est fort modifié, j'en conviens; mais, sous ce peuple qu'on dit nouveau, moderne , il est facile de reconnaitre les anciens français , religieux , monarchiques et un peu frondeurs. Autrefois ils se contentaient de faire des chansons et quelques échauffourées ; aujourd'hui, ils font des révolutions terribles, mais, je le répète de nouveau, Paris y a la plus grande part et la province ne fait que suivre ou regarde stupéfaite. On parle beaucoup de la mobilité de notre esprit, on dit que nous sommes vains et légers. Quoi ? nous avons supporté quatorze siècles de monarchie sans nous plaindre, et maintenant nous ne pourrions supporter aucun gouvernement, quel qu'il soit, au-delà d'un certain nombre d'années fort bornées. D'où viendrait cette cause cachée? Selon moi, il y en a deux essentielles : Paris et la presse de Paris ; je n'en dirai seulement que quelques mots. C'est lui qui fait toutes les révolutions, la province les souffre, en endosse la responsabilité et, grâce à Paris, passe pour versatile et changeante, lorsqu'elle a au contraire soif de pouvoir et de stabilité comme chaque vote solennel nous l'indique. Je crois donc que notre prétendue mobilité est plus apparente que réelle et qu'il faut la chercher là où elle existe réellement, dans la presse qui a la prétention de représenter l'opinion publique, et qui la représente mal ou qui la fausse. On peut dire, sans se tromper, que la presse est la plus dangereuse puissance créée par la révolution. Elle consolide peu les bons gouvernements et sert beaucoup à les battre en brèche. Je n'en connais pas un seul qu'elle ait édifié et je sais ceux qu'elle a renversés depuis 89, c'est-à-dire tous. Buonaparte III est celui qui en a fait le plus terrible usage. Il avait enchaîné la presse honnête et démuselé la mauvaise : tout son règne ne roulait que sur ce pivot : enchaîner les bons, démuseler les méchants tout en ayant l'air de faire le contraire. Cet art satanique a porté ses fruits : l'opinion publique a été pervertie, le peuple français, corrompu jusqu'à la moëlle, et l'ignorance, fille de la corruption salariée, a fait des progrès inouïs. L'ignorance a été portée à un tel point par cette presse fanatique et stipendiée, que les notions les plus claires ont été obscurcies, et qu'une couche épaisse d'erreurs s'est répandue sur toute chose. On était habitué depuis tant d'années à toujours mentir, à voir la vérité toujours bafouée ou ignorée, malgré les protestations d'hommes courageux, qu'il était nécessaire qu'une voix autorisée et illustre se fit entendre. C'est ce qu'a fait le manifeste de Chambord. Véritable coup de tonnerre, il a réveillé la peur et l'égoïsme et son éclair a illuminé l'ignorance. Depuis plus de quatre-vingts ans, le parti légitimiste, toujours en lutte et toujours debout, n'avait jamais pu se faire écouter; on l'avait toujours insulté ou bâillonné. Mais maintenant, il n'en est plus ainsi. Une voix éloquente et vengeresse a crié bien haut. La main d'un pouvoir quelconque n'a pu l'étouffer et force a été de l'entendre. On l'a discutée et, de cette discussion, est sortie la lumière Toute cette fantasmagorie ridicule de peur et de préjugés créés par l'ignorance, la tyrannie et la mauvaise foi, s'est évanouie, la vérité s'est montrée toute nue et la peur feinte ou réelle que l'on montrait de la véritable légitimité n'existe plus. Le programme-manifeste du 5 juillet a forcé l'admiration de tous; ses plus ardents ennemis en ont admiré la franchise ; les indolents se sont réveillés, et ce fameux drapeau blanc, dont on feignait d'avoir tant de peur, est envisagé maintenant comme il doit l'être : un signe de ralliement pour la société conservatrice, par conséquent l'objet de la haine farouche des révolutionnaires de tous calibres.

VIII

LA RÉVOLUTION ET LA ROYAUTÉ. — QUE DOIT ÊTRE CETTE DERNIÈRE ? — SA FORME.

Pour tout homme impartial et instruit, qui connait l'histoire de notre pays, une seule opinion peut se concevoir, c'est que la royauté seule est possible chez nous. Depuis quatre-vingts, en effet, que la révolution et la royauté se font la guerre, que voyons-nous? La révolution toute puissante pour détruire et incapable de jamais rien édifier, laissant sur son passage une longue trace de sang et de ruines ; quatre fois, depuis 89, et sous différents noms, elle a escamoté le pouvoir, et quatre fois elle en a été honteusement chassée ; et, chose étrange, ce n'est jamais la royauté légitime ou un pouvoir régulier si l'on aime mieux, qui l'a chassée, non, c'est elle-même. Elle prend sa source en 89 et vient expirer dans les bras d'un despote, révolutionnaire lui-même. Ce dernier, fils terrible de la révolution, est chassé par l'étranger et non par le pouvoir légitime; celui-ci, de nouveau, est renversé en 1830 par la révolution. Louis-Philippe est chassé par la révolution de Paris, en 1848, et cette dernière à son tour expire dans la nuit du 2 décembre 1851. Le pouvoir qui lui succède est honteusement chassé lui-même le 4 septembre dernier, et la république, comme on l'appelle, ne peut vivre, chose étrange (qui n'étonnera pas le vrai penseur), qu'à la condition d'être administrée par des monarchistes; c'est ce que M. Thiers appelle la république sans les républicains, plaisant gouvernant, on en conviendra, que celui qui ne peut vivre qu'à cette condition. De ce lamentable tableau il résulte donc que la révolution est toujours chassée par le révolution, jamais par le pouvoir légitime, et que ce dernier, qui vient toujours refaire les désastres de la première, n'a pas assez d'énergie pour se maintenir au pouvoir puisqu'il en est toujours renversé. Il y a donc un vice caché dans tous les pouvoirs légitimes: cherchons-le. Nous connaissons assez la révolution par ses œuvres, il est inutile de l'analyser ici;

mais voyons ce qu'a été la royauté depuis quatre-vingts ans et ce qu'elle doit être ; voyons si, tout en étant légitime, elle a accompli son mandat, si elle n'a fait aucune faute, et si, au point de vue de la stricte justice et du droit, on n'a rien à lui reprocher. Prétendre que non, serait une erreur coupable, se montrer indigne du beau nom de royaliste et mériter cet anathème de Racine :

Détestables flatteurs, poison le plus funeste
Que puisse faire aux rois la vengeance céleste.

Oui, le principe de la légitimité admis, la royauté a fait de grandes et nombreuses fautes, hâtons-nous de le dire, et sa première et sa plus grande faute a été de pactiser avec la révolution. Qu'avait-elle à en attendre ? Toujours la mort et au mieux la déconsidération, le mépris, et une incurable faiblesse; sous ce rapport, l'histoire de la Restauration est lamentable à raconter. Elle, si légitime, si pure dans son origine et ses intentions, a passé sa vie à louvoyer, à ruser, à légiférer, à pactiser ouvertement ou tacitement avec ses ennemis, sans pouvoir jamais les contenter. En 1815, la révolution fut habile. Elle prévit fort bien qu'elle était perdue, que la royauté se montrait intraitable sur les principes. Elle se hâta de faire jouer tous ses ressorts et d'absorber la royauté de peur d'être anéanti par elle. On retrouve à cette époque, contre la Restauration, la même âpreté de haine, le même tissu de calomnies et surtout cette abominable hypocrisie qui fit octroyer la charte par les Bourbons, pour s'en servir contre eux comme d'un rempart inexpugnable que ses ennemis seuls pouvaient défendre et que les malheureux princes ne pouvaient attaquer sous peine d'entendre hurler qu'ils violaient la charte, qu'ils ramenaient l'ancien régime, etc. ; enfin toutes les scènes et les mensonges que les libéraux eux-mêmes ont surnommé la comédie de quinze ans.

Louis XVIII fut coupable de faiblesse et de pactisation avec l'erreur. Fatigué de l'exil, déjà vieux, il crut désarmer des ennemis implacables, que rien ne désarmera jamais, car le fanastisme de ces gens-là ne meurt jamais : il ne peut être tué que par la vérité et la justice unies à la force. J'énoncerai les fautes de Louis XVIII afin que l'exemple du passé éclaire l'avenir et le garantisse des mêmes écarts.

La première, d'où découlèrent toutes les autres, fut l'octroi de la charte dans les conditions que l'on connait ; c'était la mort de la royauté à courte échéance. La seconde, fut l'acceptation de Talleyrand dont l'habileté satanique cloua la révolution à la Restauration, pour mieux tuer cette dernière, et enfin, la faute la plus effroyable de toutes, fut l'entrée de l'infâme et sanguinaire Fouché dans les conseils du roi très-chrétien.

Quand l'homme qui présida à tant de massacres, qui vota la mort du roi, osa ensuite s'asseoir dans les conseils de son frère, dès ce moment, on put dire qu'il décapitait la royauté une seconde fois. Le calcul cependant était habile. Fouché entré, il blanchissait les autres et l'habile Talleyrand pouvait se croire à sa place. Je passe les fautes secondaires de ces deux règnes de quinze ans et ne m'attaque qu'aux principales. Louis XVIII céda là où il aurait fallu résister, et résista là où il aurait fallu céder. Il garda le drapeau de sa famille, le drapeau blanc national et fit bien, mais je n'hésite pas à le dire, il aurait mieux valu pour lui qu'il l'eût abandonné plutôt que d'abandonner d'autres prérogatives beaucoup plus précieuses. A cette époque, la question du drapeau n'était que secondaire au lieu qu'aujourd'hui elle est principale, parce qu'elle représente la révolution, et qu'alors elle était représentée et conduite par des hommes dont l'infernale habileté tenait lieu de drapeau qui n'était pour eux qu'un détail.

Aussi le roi a-t-il admirablement bien

compris sa position ; sa proclamation en fait foi ; il ne veut plus de lâches compromis, le passé l'a éclairé et, pour employer une expression triviale, relevée par Henri IV, il sait que « comme on fait son lit on se couche. »

L'infortuné Charles X hérita des fautes de son frère ; avec de meilleures intentions et une plus grande foi religieuse, il ne fit pas mieux. La révolution l'avait habilement enlacé dans ses réseaux, et lorsqu'il voulut les rompre, il n'était plus temps. Il voulut employer la force et l'employa mal, car la force est un instrument qui tue quelquefois celui qui ne sait pas s'en servir. Les ordonnances de 1828, contre les Jésuites, furent l'arrêt de mort de la Restauration. Elle employait la force injustement contre de pauvres religieux qui lui était dévoués ; elle faisait cela pour plaire à la révolution, et cette force, qu'elle avait ainsi deshonorée, se tourna contre elle au jour de sa chûte.

Qu'on le remarque, les fautes, les crimes de la famille royale, sont toujours punis dès ce monde; c'est un fait terrible qui frappe les yeux : aveugle qui ne le voit pas.

Les autres nations, les autres races, sont moins punies parce qu'elles sont moins nécessaires et qu'elles ne sont pas filles ainées. C'est un honneur que Dieu nous fait et dont hélas, nous ne sommes pas souvent dignes. *Non fecit taliter omni nationi.*

. Le lamentable spectacle que présente la France depuis 1789 n'a pas été perdu pour Henri V. Il s'est affirmé au lieu de pactiser et, connaissant la révolution et nos besoins, il s'est montré vraiment l'homme de nos jours et il n'a pas voulu ajouter ses concessions, ses lâches compromis à ceux du passé. Il nous a montré la royauté telle qu'elle doit être et qu'elle sera, dans son chef, dans son drapeau, dans ses lois. Son chef, nous le connaissons; son drapeau, également. Les lois, nous les connaîtrons bientôt, je l'espère. Elles seront religieuses et justes. Il nous montrera ce qu'est la royauté vraiment chrétienne, telle que les siècles passés l'ont vue et telle que nous la rêvons. Il nous donnera les vraies libertés, celles qui ne procèdent pas de la révolution, c'est-à-dire du mensonge. Il restaurera parmi nous la royauté très-chrétienne et nous montrera cet idéal entrevu par les grands esprits et désiré de tous. Entre la révolution et lui, il y aura un abîme, car elle est le mensonge et a été un châtiment, au lieu que lui est la vérité et il sera la réparation et la récompense.

IX.

QUE REPRÉSENTE LE COMTE DE CHAMBORD ? — QUE REPRÉSENTENT LES PRINCES? LA MÊME CAUSE QUE LA SIENNE. — LE PASSÉ A DU ÉCLAIRER CES PRINCES. — EXEMPLE DE LOUIS-PHILIPPE ET DE BUONAPARTE.

Pour les sots, les imbécilles ou les révolutionnaires, Henri V représente ce qu'ils appellent bêtement l'ancien régime, sans s'inquiéter seulement du sens de leur parole. Il est clair et certain que le roi représente quelque chose que nous n'avons plus et qui nous manque, à la recherche duquel nous courons depuis quatre-vingts ans, l'ayant laissé derrière nous et nous obstinant à ne pas le prendre là où il est.

Voyons, soyons francs, que représente la légitimité? L'ordre social tout entier, tel qu'il existe chez toutes les nations chrétiennes et civilisées, c'est-à-dire, la religion, la famille et la propriété; trois mots qui résument tout et sans lesquels toute civilisation disparaît. En effet, supprimez la religion, vous supprimez la base de tout, la clef de voûte de l'ordre social. Supprimez la famille? Vous ne le pouvez pas non plus, car c'est pour rendre la famille possible, chaste et féconde, qu'il y a une religion. Religion et famille sont pour ainsi dire synonymes. Théoriquement, la religion pourrait bien exister sans la famille, puisque c'est elle qui la crée, mais je défie qu'on puisse créer des familles, c'est-à-dire des sociétés, ou une société, sans la religion. Ce raisonnement me semble clair et péremptoire et je croirais faire injure au lecteur que de le poursuivre davantage. Reste la propriété ou le droit de jouir de son fruit, de son travail et de celui de ses pères.

Certes, si jamais race au monde a représenté la propriété, c'est bien celle des Bourbons. Faire l'histoire de la race capétienne, qui n'a que mille ans de durée, c'est faire celle de la propriété en tout genre et sous toutes ses faces. Propriété religieuse, guerrière, féodale et bourgeoise, elle a tout créé ou laissé tout créer. Sous ce rapport, elle a précédé de bien des siècles les autres nations et dynasties chrétiennes. On dirait que cette race auguste et malheureuse a été créée et mise au monde exprès pour présider au développement des rangs inférieurs et les admettre au même banquet social; nier cette proposition, ce serait nier l'histoire.

Les princes d'Orléans représentent également la même cause du moment qu'ils deviennent légitimes. Fils de la même famille, ils ne peuvent qu'en suivre les mêmes traditions et, chaque fois qu'ils les ont abandonnées, ils en ont été punis par la mort, par la déchéance et par l'exil. Du reste, la quasi-légitimité des d'Orléans, comme celle de tout autre usurpateur, ressemble à la vraie légitimité, comme le voleur au véritable propriétaire; le nom est le même; en apparence, c'est la même chose, mais au fond un abîme effroyable les sépare.

En vain, l'usurpateur imitera servilement le vrai, le légitime propriétaire; toujours son vice originel criera contre lui; les générations présentes le maudiront, celles de l'avenir le mépriseront, une grave atteinte sera portée à l'ordre social, et les magistrats seront sans force pour le protéger; les révolutions succèderont aux révolutions, jusqu'à ce qu'une suprême catastrophe les résume toutes en une conséquence logique et terrible. Jamais, quoi qu'on fasse, le mal ne pourra complètement imiter le bien, se mettre à sa place et réunir en lui les avantages des deux. Pour se résumer, on peut dire que les d'Orléans sont légitimes, moins la légitimité; ils veulent avoir les avantages de cette dernière sans y avoir aucun droit.

On en peut dire autant des Buonapartes, qui excluaient soigneusement les princes légitimes, mais qui renouvelaient la légitimité à leur profit. Les d'Orléans, devenant légitimes, c'est-à-dire succédant à leur aîné légitimement, deviennent nos maîtres légitimes, au même degré qu'Henri IV ou Henri V, et nous leur devrons le même dévouement et la même fidélité; car, il est bon également de ne pas se le dissimuler, dès ce jour, ces princes seront ce que nous désirons qu'ils soient : ils aimeront ce que nous aimons, et ceux qui ne les aiment pas maintenant, s'ils sont de vrais légitimistes, les aimeront alors et l'on verra que ce qui divise les orléanistes des légitimistes ce n'est pas un principe ou un drapeau, mais seulement la reconnaissance d'un droit antique. On est d'accord sur les principes, mais pas sur leur juste et légitime application. Du reste, dans ce monde, tout ne roule-t-il pas non sur des négations de droits et de principes, mais sur leur application légitime? Bien loin de nier la propriété, le voleur l'affirme à nouveau mais à son profit exclusif. De même, l'usurpation — affirme, — par le fait de son intronisation, la légitimité qu'elle proscrit chez les autres princes tout en l'invoquant pour elle. Voilà la logique du monde! Un pauvre diable vole un pain, au bagne; un prince vole un trône, il est roi!

Donc, les d'Orléans et Henri V représentent identiquement une seule et unique chose : le droit, la légitimité. Les premiers, en l'affirmant, rendent un solennel hommage au droit dans le monde et le rétablissent sur sa véritable base, ébranlée par tant de honteuses révolutions. Certes, le passé a dû éclairer ces princes. Que sont devenus Louis-Philippe et Buonaparte III? Une main vengeresse les a frappés tous les deux. Ils avaient donné un exemple funeste en violant tout droit, tout devoir, toute justice, et, à son tour, la justice éternelle les a frappés. Plus leur crime avait été grand, plus leur chûte a été humiliante et profonde: *Et nunc intelligite et crudimini qui judicatis terram.* Et maintenant, ô rois, comprenez et instruisez-vous. Si Henri V et les d'Orléans, unis ensemble, représentent l'ordre, la paix, la stabilité sociale et le respect de tous les droits, si, au contraire, la révolution et les Buonapartes représentent, le désordre, l'émeute, les conspirations, l'irréligion et le mépris de tous les droits, les honnêtes gens doivent être pour les premiers et détester cordialement les seconds. Plus de compromis entre l'ordre et le désordre, ou l'un, ou l'autre, car le dernier seul ne dure qu'un moment; vu seul, il est horrible et ce qui lui a donné parmi nous une si longue durée, c'est que certains honnêtes gens, qu'on est convenu d'appeler conservateurs, lui ont communiqué un semblant de vie en le dirigeant, croyant le rendre moins mauvais; erreur fatale dont quatre-vingts ans de révolution ne nous ont pas encore complètement guéris.

X

CONCILIATION, FUSION. — ORDRE ET DÉSORDRE. — CONCLUSION. — LE COMTE DE CHAMBORD A FAIT UN GRAND ACTE EN PUBLIANT SON MANIFESTE.

Depuis quarante ans que le parti royaliste a été précipité du pouvoir, de nombreuses révolutions ont pesé sur la France ; toutes l'ont marquée de leur sceau et la dernière et la plus terrible de toutes, le 4 septembre, lui a laissé un stigmate qui ne s'effacera jamais. On peut dire sans mentir que, depuis 1830, de honteuse mémoire, jamais le parti légitimiste n'a ressaisi réellement le pouvoir En 48, il s'exerça concurremment avec ce qu'on appelle le parti conservateur et son passage aux affaires fut marqué par de bonnes lois et par des ministres capables et honnêtes. A cette époque de peur, on ne criait plus contre les légitimistes, on leur disait volontiers : *Sauvez-nous* ; car c'est à remarquer, au lendemain de chaque révolution, les électeurs en masse votent pour nos candidats ; on dirait que ce parti sauveur possède le secret de guérir toutes nos blessures.

Voyez plutôt : après le règne usurpateur et honteux de Louis-Philippe, arrive 48 qui fait peur à la France. Que fait-elle dans sa terreur ? Elle envoie à la Chambre des moines, des prêtres, des évêques, des Falloux, des Montalembert, des Berryer, des Larcy, etc., etc., en un mot la fine fleur du catholicisme et de la légitimité. En 1871, même spectacle. Les électeurs du 8 février ont peur de Gambetta et de sa bande, vite, ils nomment des royalistes. La chambre actuelle en est peuplée, ils en forment la majorité. Je sais bien que ces quatre cents et quelques voix ne sont pas toutes d'un royalisme pur, mais, il y a une chose certaine, c'est qu'avant le pacte de Bordeaux ceux qui aujourd'hui flottent hésitant, n'hésitaient pas et que sans M. Thiers, qui prévit l'événement, Henri V règnerait aujourd'hui.

Avec ses ruses et ses intrigues, M. Thiers a si bien manœuvré que, d'une majorité compacte, il a fait une simple agrégation fortuite d'intérêts divers ; là où il y avait unité de vues, il n'y a plus que peur du pire et crainte du mieux. Voilà le fruit de la politique de ce grand homme d'Etat: des intrigues, toujours des intrigues. Quelle a été l'attitude du parti devant cette comédie? Il a été dupé, mais non dupeur; il s'est encore prêté à cette combinaison, comme il s'est prêté à tant d'autres, et faute d'un homme perspicace et énergique pour conduire la majorité et résister à M. Thiers, il est arrivé ce que nous voyons, c'est-à-dire un avenir effrayant d'orages et de dangers. Les mots de conciliation, de fusion ont été prononcés, à l'instant le parti s'y est jeté tête baissée. Après avoir brillé par les armes dans la dernière guerre, il brille encore par son abnégation. On n'est pas allé à lui, il est allé aux autres; il a songé d'abord à la patrie qui brûlait faisant taire devant ce désastre tout autre considération. Il a prié, supplié, étouffé toutes ses rancunes, oublié toutes ses haines; *il a beaucoup appris, beaucoup oublié*, trop même; on a mis cette abnégation à profit, on s'en est servi contre lui, et maintenant que l'on croit ne plus en avoir besoin on le raille..... jusqu'à la nouvelle révolution! Alors on lui criera de nouveau *sauvez-nous*! Sera-t-il temps?

On fait comme les marins qui, dans la tempête, invoquent Dieu et l'oublient ensuite le danger passé. Qu'y a-t-il cependant de plus beau que la conciliation, que la fusion ? C'est le salut de la France, le port après l'orage. Tôt ou tard, c'est là qu'il faut en venir , sons peine de mort.

Que présente donc de si effrayant cette fusion ? Oh , mon Dieu , c'est tout bonnement les intérêts légitimes et respectables, les bases éternelles de toute société mises à l'abri de nouvelles révolutions, par un principe qui les éloigne toutes et qui est leur antidote ; et voilà pourquoi tous les révolutionnaires , plus ou moins colorés, détestent la légitimité ou lui font pièce. La fusion n'est que cela.

Quoi , on ose nous dire que la vieille monarchie , qui a fait la France , qui a couvé pour ainsi dire et fait éclore les classes moyennes pour les opposer à la féodalité trop puissante , qui a fondé la propriété et nous a donné, finalement, une somme de libertés inconnues chez les autres nations , on ose nous dire que la vieille monarchie n'est plus possible en France ! Mais d'où vient donc que nous sommes malades depuis qu'elle s'en est allée ? D'où vient donc que dans son court passage parmi nous, de 1815 à 1830 , elle avait tout réparé et nous avait dotés de si belles libertés au dire même de ses ennemis.

D'où vient enfin que depuis lors nous sommes malades et près d'agoniser ?

Ah, c'est qu'elle n'est plus là et que sa main bienfaisante ne touche plus la France pour la guérir. Nos vieux rois, dans leur foi naïve, disaient aux scrofuleux : *Le roi te touche, Dieu te guérisse.* Ah ! pauvre et chère patrie, puisse encore ton roi te toucher et, sûrement, Dieu te guérira; mais, pour cela, il faut te garder des empiriques et des intrigants, et tu te jettes dans leurs bras.

Malheur à nous si nous ne voulons pas de l'ordre qui vient à nous, le désordre nous dévorera. Fatiguée de tant d'orages, la France aspire au repos Elle le cherche comme le malade qui, sur sa couche de douleur, se tourne et se retourne sans pouvoir le trouver, parce que le mal qui le ronge n'est pas extirpé. Dans ses rêves, elle se forge un bel avenir, parce qu'elle le souhaite avec ardeur, mais elle n'a que le désir sans le pouvoir. Cependant elle n'est pas la plus coupable et ceux qui la gouvernent et qui la trompent le sont plus qu'elle. Leur rancune est toujours la même, leur haine toujours vivace; à chaque pas qu'elle fait vers l'ordre, ils la font reculer de dix vers le désordre, et pourtant, avec une constance que rien ne lasse, elle reprend sa marche pénible, elle voit le bien, sait où il est, et ne peut l'atteindre, grâce à ceux qui la gouvernent : « *Video meliora proboque deteriora sequor*, peut-elle dire, je vois le bien, je l'aime et je suis les sentiers mauvais qui mènent aux abîmes. » Une heure est donnée aux nations comme aux individus pour se sauver ; malheur à eux s'ils la laissent passer. Le prince n'a pas voulu de ce lâche silence, il s'est rappelé ces paroles des livres saints : *Malheur à moi parce que je me suis tu : væ mihi quia tacui*, et il a élevé une voix prophétique que les événements ont toujours justifiée. La France a été solennellement avertie. Les mille voix de la presse ont répété ses nobles paroles ; signification a été faite à la France qu'elle avait un futur roi honnête homme, ce qui en Europe ne s'était pas vu depuis longtemps, un roi qui ne transigeait pas et qui ne faisait pas de lâches compromis entre sa conscience et son devoir : je dis conscience et j'ai raison.

Les usurpateurs, les faiseurs de coups d'Etat sont ambitieux et c'est pour cela qu'ils n'ont pas de conscience ; demandez à Napoléon Ier, à Louis-Philippe, à Buonaparte III où était leur conscience ! Notre prince n'est pas ambitieux, il prend la royauté en chrétien et la considère comme un fardeau obligé. Il veut réparer les ruines du passé et, pour y parvenir, il parle de la religion franchement et hardiment, il est vraiment français et intelligent et il parle des véritables libertés à fonder. Il est le seul prince en Europe qui, depuis quatre-vingts ans, ait dit sa façon de penser sans détour. Aussi, je le répète en terminant ce travail, une émotion inconnue jusqu'à ce jour s'est fait ressentir en France

Nous avons enfin un roi honnête homme, a-t-on dit, aveu qui ne s'était pas fait depuis Louis XVI. Au milieu de l'Europe courbée ou sous le joug de la force brutale de gouvernements sans vergogne, ou sous le poids d'une démagogie affolée ; au milieu de nations qui, les unes ne reconnaissent que la force; les autres, la ruse et quelquefois l'une et l'autre réunies ; au milieu de tant de princes qui n'ont jamais fait entendre aucune parole vraiment chrétienne et hardie; au milieu de tout cela, de toutes ces hontes, de toutes ces lâchetés, il est beau, il est consolant de voir le premier gentilhomme du monde, le dernier fils des rois très-chrétiens, donner un grand exemple d'honneur, d'indépendance et de courage et s'écrier : Non, je n'abandonnerai pas le drapeau de mes ancêtres, c'est-à-dire mon principe, car il fait ma force, et au milieu de tant de lâchetés, je serai courageux. Il faut redresser l'arbre du côté où il penche. Pour gouverner aujourd'hui, pour être fort en présence des lâches et des contempteurs de toutes fois, il faut être pur et n'avoir rien à se reprocher. On commande alors plus sûrement, on est en droit de faire cesser toute résistance, et l'ascendant moral qui en résulte est immense. Quand un prince monte sur le trône avec de pareils précédents, on peut être rassuré, car tout le monde s'écrie : *C'est un honnête homme, nous serons bien gouvernés, ce que nous ne connaissons pas depuis fort longtemps.* Oui sire, vous avez fait un grand acte, en posant le pied sur le sol de votre malheureuse patrie. Vous lui avez parlé ce noble langage qui a ému l'Europe, vous lui avez dit la cause de ses désastres et le secret de les guérir. Vous avez fait votre devoir tout entier, à elle de faire le sien.

Depuis que ces lignes ont été écrites, on a beaucoup parlé de concession, de drapeau; on est revenu à la charge : on ne s'est pas tenu pour battu. On prétend même que le prince *aurait paru vouloir faire* quelques concessions de couleur. D'autres ont dit que non. Nous pensons comme ceux-là; après un aussi beau manifeste, où le fond et la forme, le style et la pensée, semblent se surpasser à l'envie pour atteindre le sublime, non, aucune concession n'est possible. Du reste, ceux qui parlent sont sans mandat. Qui les en a chargés? Où sont leurs pouvoirs? Ils parlent, comme les seize, sans doute pour eux-mêmes; la France n'est pas avec eux.

Si nos malheurs s'aggravent et après qu'on aura usé de tout et tout rejeté, si Henri V rentre en France en sauveur et libérateur, les populations tout entières iront au devant de lui. Eh bien, que l'on compte les drapeaux tricolores et les blancs, on verra la différence; que l'on se rappelle 1814 et 1815. Le drapeau blanc et les lys sont tellement identifiés avec notre vieille race royale, je le répète, que les séparer est impossible; forcément, on y reviendrait. Qu'Henri V rentre en France avec le drapeau tricolore, qu'il aille ensuite parcourir son royaume, il verra des drapeaux blancs ornés de fleurs de lys le saluer partout. Pourrait-on traduire en police correctionnelle ceux qui le recevraient ainsi? Poser la question, c'est la résoudre.

« Français,

» Je suis au milieu de vous.

» Vous m'avez ouvert les portes de la France, et je n'ai pu me refuser le bonheur de revoir ma patrie.

» Mais je ne veux pas donner, par

ma présence prolongée, de nouveaux prétextes à l'agitation des esprits, si troublés en ce moment.

» Je quitte donc ce Chambord que vous m'avez donné, et dont j'ai porté le nom avec fierté, depuis quarante ans, sur les chemins de l'exil.

» En m'éloignant, je tiens à vous le dire, je ne me sépare pas de vous, la France sait que je lui appartiens.

» Je ne puis oublier que le droit monarchique est le patrimoine de la nation, ni décliner les devoirs qu'il m'impose envers elle.

» Ces devoirs, je les remplirai, croyez en ma parole d'honnête homme et de Roi.

» Dieu aidant, nous fonderons ensemble, et quand vous le voudrez, sur les larges assises de la décentralisation administrative et des franchises locales un gouvernement conforme aux besoins réels du pays.

» Nous donnerons pour garantie à ces libertés publiques auxquelles tout peuple chrétien a droit, le suffrage universel honnêtement pratiqué et le contrôle des deux Chambres, et nous reprendrons, en lui restituant son caractère véritable, le mouvement national de la fin du dernier siècle.

» Une minorité révoltée contre les vœux

du pays en a fait le point de départ d'une période de démoralisation par le mensonge et de désorganisation par la violence. Ses criminels attentats ont imposé la révolution à une nation qui ne demandait que des réformes, et l'ont, dès lors, poussée vers l'abîme où hier elle eût péri, sans l'héroïque effort de notre armée.

» Ce sont les classes laborieuses, ces ouvriers des champs et des villes, dont le sort a fait l'objet de mes vives préoccupations et de mes plus chères études, qui ont le plus souffert de ce désordre social.

» Mais la France, cruellement désabusée par des désastres sans exemple, comprendra qu'on ne revient pas à la vérité en changeant d'erreur; qu'on n'échappe pas par des expédients à des nécessités éternelles.

» Elle m'appellera, et je viendrai à elle tout entier, avec mon dévouement, mon principe et mon drapeau.

» A l'occasion de ce drapeau, on a parlé de conditions que je ne dois pas subir.

» Français!

» Je suis prêt à tout pour aider mon pays à se relever de ses ruines et à reprendre son rang dans le monde; le seul sacrifice que je ne puisse lui faire, c'est celui de mon honneur.

» Je suis et veux être de mon temps; je rends un sincère hommage à toutes ses grandeurs, et, quelle que fût la couleur du drapeau sous lequel marchaient nos soldats, j'ai admiré leur héroïsme, et rendu grâce à Dieu de tout ce que leur bravoure ajoutait au trésor des gloires de la France.

» Entre vous et moi, il ne doit subsister ni mal entendu ni arrière-pensée.

» Non, je ne laisserai pas, parce que l'ignorance ou la crédulité auront parlé de privilèges, d'absolutisme et d'intolérance, que sais-je encore? de dîme, de droits féodaux, fantômes que la plus audacieuse mauvaise foi essaie de ressusciter à vos yeux, je ne laisserai pas arracher de mes mains l'étendard d'Henri IV, de François Ier et de Jeanne d'Arc.

» C'est avec lui que s'est faite l'unité nationale, c'est avec lui que vos pères, conduits par les miens, ont conquis cette Alsace et cette Lorraine dont la fidélité sera la consolation de nos malheurs.

» Il a vaincu la barbarie sur cette terre d'Afrique, témoin des premiers faits d'armes des princes de ma famille; c'est lui qui vaincra la barbarie nouvelle dont le monde est menacé.

» Je le confierai sans crainte à la vaillance de notre armée; il n'a jamais suivi, elle le sait, que le chemin de l'honneur.

» Je l'ai reçu comme un dépôt sacré du vieux Roi mon aïeul, mourant en exil; il a toujours été pour moi inséparable du souvenir de la patrie absente; il a flotté sur mon berceau, je veux qu'il ombrage ma tombe.

» Dans les plis glorieux de cet étendard sans tache, je vous apporterai l'ordre et la liberté.

» Français,

» Henri V ne peut abandonner le drapeau blanc d'Henri IV.

» HENRI.

» Chambord, 5 juillet 1871. »

Les pages qui précèdent étaient sous presse lorsque le second manifeste du comte de Chambord est venu hautement affirmer le premier. Rien n'est plus comique que la stupéfaction de ce qu'on est convenu d'appeler les conservateurs. On dirait vraiment qu'ils se sont décidément brouillés avec tout ce qui est grand, beau, noble et sincère. Depuis quatre-vingts ans, ils vivent dans une atmosphère si empestée, que l'air pur les gène : il semble que ce soit pour eux contre nature. Leur conclusion est celle-ci : c'est beau, c'est grand, c'est digne, c'est incontestablement honnête, mais ça ne peut convenir à la France. La phrase de Louis Veuillot revient sous ma plume : « *franchement donc vous êtes trop honnête pour nous.* »

Voilà où nous en sommes en France. On a peur de l'honnêteté : quel terrible argument contre les conservateurs ! On peut leur dire, en effet, si tant d'honnêteté vous fait peur c'est que vous n'êtes guère honnêtes vous-mêmes. Mais que fait, que dit le prince, dans ce second manifeste? Il maintient tout bonnement le premier en l'affirmant et, à ceux qui dénaturent ses paroles, il oppose sa loyauté et son honneur. Il parle un fier langage. Il ne parle que de ses devoirs, jamais de ses droits, au rebours des conservateurs et des révolutionnaires qui parlent sans cesse des derniers, jamais des premiers. *Je n'abdiquerai jamais*. Voilà qui est clair et qui réduit au silence ceux qui osaient rêver un pareil acte. Il parle du patrimoine monarchique de la France dont il est la seule et unique représentation en France. Il jette le cri d'alarme et nous montre le Césarisme et l'anarchie qui nous menacent, en attendant de nous dévorer : il signale les erreurs de son temps:

« *l'erreur de notre époque est de compter sur les expédients de la politique pour échapper aux périls d'une crise sociale.* » Et cependant, dit-il : « *Au lendemain de ses désastres la France, en affirmant dans un admirable élan sa foi monarchique, a prouvé qu'elle ne voulait pas mourir.* »

Oui, la France avait vu le remède à ses maux et nommé des députés pour la guérir ; mais les habiles se sont mis en travers et, de nouveau, tout est à refaire. Le drapeau blanc, prétendu obstacle à la fusion, est glorifié en quelques mots : « *S'il a éprouvé des revers, il y a des humiliations qu'il n'a pas connues.* » C'est clair et concis. Tacite n'aurait pu mieux dire. A ceux qui parlent de réaction, il répond : « *J'ai dit que j'étais la réforme, on a feint de comprendre que j'étais la réaction.* » Il nous dit encore : « *Je n'ai pu assister aux épreuves de l'Eglise sans me souvenir des traditions de ma patrie. Ce langage a soulevé les plus aveugles passions.* » Oui, il s'est souvenu qu'il était le fils aîné de l'Eglise, le seul descendant légitime des rois très-chrétiens, et on lui reproche son langage? Que feront alors ceux qui lui sont hostiles; continueront-ils les traditions du premier empire, de Louis-Philippe, de Buonaparte III? Alors, messieurs les conservateurs, vous n'avez rien appris ni rien oublié ; on s'en doutait du reste et la politique de M. Thiers le montre assez. Oui, vous êtes toujours les mêmes, vous tournez dans le même cercle, prêts à recommencer les même aventures, à user des mêmes expédients, sauf à nous précipiter dans un gouffre d'où ne nous sortirons jamais.

Il invoque le *principe national de l'hérédité monarchique sans lequel il n'est rien*, et vous l'en blâmez, et cependant vous invoquez à grand cri ce même principe? Il nous parle *de tous les sacrifices compatibles avec l'honneur*, des concessions qui ne seraient pas des actes de faiblesse et vous l'en blâmez? Mais nous savons où mènent les concessions faites par les gouvernants et les princes! Elles ont conduit Louis XVI à l'échafaud, et Charles X en exil; Louis-Philippe a eu le même sort, et cependant c'était le roi idéal des conservateurs et des bourgeois. Le comte de Chambord nous affirme sans cesse que *l'œuvre de la reconstitution ne peut être l'œuvre* exclusive *d'un parti*, et vous n'êtes pas satisfaits? Mais le passé répond de l'avenir. Que firent les rois Louis XVIII et Charles X? N'ont-ils pas appelé auprès d'eux toutes les capacités, toutes les honnêtetés de la France. Le prince pourrait-il faire autrement que ses ancêtres? Non. Prétendre le contraire, c'est être menteur et coupable, car on se heurterait contre toutes sortes d'impossibilités morales et matérielles. La fin de cette proclamation est ferme et d'une dignité à laquelle les princes *même* légitimes de l'Europe ne nous ont pas accoutumés : *Rien n'ébranlera mes résolutions, rien ne lassera ma patience, et personne*, SOUS AUCUN PRÉTEXTE, *n'obtiendra de moi que je devienne le roi légitime de la révolution.*

Je n'ai pu résister au plaisir d'analyser ce document royal. Il coupe court, plus que le premier, à une situation que les ennemis embrouillaient à dessein. Le mot de la fin dévoile tout un plan machiavélique : faire du prince *le roi légitime de la révolution*, sauf à s'en débarrasser dès qu'on le pourrait, afin d'avoir l'indicible plaisir de déclarer la légitimité impossible. Voilà tout le plan.

La moralité à tirer de toute cette campagne de fusion avortée, c'estque la France est loin d'être guérie et qu'elle a repoussé le remède qui venait à elle. Lisez ce qu'on appelle les journaux conservateurs et soyez édifiés ensuite. Ni les crimes de la Commune, ni les désastres et les hontes de l'Empire, ni tant de ruines, ni tant de remords, rien n'y fait; nous ne sommes pas plus avancés qu'en 1830. On déteste le drapeau blanc et celui qui le porte autant qu'à cette néfaste époque.

Et tout celà pourquoi? Parce qu'aucune direction n'a été donnée à la majorité de la Chambre et que depuis le fameux pacte de Bordeaux tout a été fait pour la diviser. On sait bien cependant ce que veut la France, mais on se moque d'elle, tantôt en lui faisant peur de la guerre civile, tantôt de la Prusse, et, de peur en peur, on la conduira soit au but secret qu'on s'est proposé, soit au Buonapartisme et à la démagogie. Ici, la haine éclate tout entière et, d'une question de principe, on fait une question de personne. On n'ose cependant pas dire au roi ce que le trop fameux Dupin, de servile mémoire, disait à la restauration : « Vinssiez-vous à nous les mains pleines de bonnes lois, de ces lois que la nation attend et réclame, eh bien, je les repousserais en disant : *Timeo Danaos et dona ferentes!* Oui, eussiez-vous les mains pleines de présents, vous êtes pour nous Danaos.»

En attendant où allons-nous? Entre un principe tutélaire et l'inconnu, il n'y a pas à hésiter; cependant M. Thiers n'est pas un principe, la république est impossible et les d'Orléans, seuls sans le roi, représentent la révolution, et le buonapartiste la démagogie couronnée. Malgré toutes les apparences contraires, l'avortement de la fusion a produit une grande impression dans l'opinion. On a senti que quelque chose allait nous manquer comme le port longtemps entrevu et interdit au dernier moment. Nos ennemis s'en sont réjouis, ils se sont montrés les dignes fils de leurs pères; mais, puissent leurs chants de joie ne pas se changer en chants lugubres et en lamentations. La France a usé de tout, a abusé de tout, et, au moment où elle revenait repentante à son point de départ, vous la rejettez brusquement dans les chemins de traverse déjà parcourus. Entrevoyant des jours meilleurs, elle sait maintenant que quelqu'un attend patiemment le moment où elle sera lasse de ses longues erreurs; etce quelqu'un, qui est *le roi* de France, a l'énergie de Louis XIV, la bonté d'Henri IV, et l'esprit éclairé de Louis XVI. Nous le connaissons un honnête homme : fasse le ciel qu'il devienne un grand roi ! L'Europe y est intéressée autant que nous, car une expérience de quatre-vingts ans doit lui avoir appris que, lorsque cette race auguste s'éclipse, le démon de la guerre et de la révolution se déchaîne sur l'Europe. Voyez : en 1789 une révolution, qui dure encore, ébranle le trône de France, le plus vieux de l'Europe, le couvre de sang, et immédiatement vingt ans de guerre se déclarent, et le continent tout entier est ravagé. L'Espagne, l'Italie, l'Allemagne, la Russie, toutes les mers du globe se rougissent d'un sang sans cesse répandu; ni les victoires merveilleuses d'un conquérant, ni la lassitude générale, ni le nombre, ni la valeur des soldats, rien ne peut vaincre ce démon déchaîné qu'on appelle la grande révolution. Avalanche monstrueuse et divine, elle broie tout sur son passage, foule l'Europe, comme le grain dans l'aire, et ne laisse après elle que des débris et des larmes. Je me trompe, elle laisse un noble vieillard et sa race; ce vieillard s'appelle Louis XVIII; cette race est celle de St-Louis.

A son entrée en France, tout s'apaise; le calme se fait en France et en Europe, l'ordre renaît partout, ou, s'il y est troublé quelque part, c'est la France qui le rétablit. Une ère inouïe de prospérité et de grandeur commence pour nous. Cette race auguste, malgré les calomnies et la rage satanique de ses ennemis, s'ouvre de nouveaux horizons. Louis XIV l'avait assise sur les plus beaux trônes de l'Europe et son avant dernier descendant la dote de la plus belle colonie du globe et offre à son génie un vaste continent.

Mais 1830 arrive et, comme l'astre brillant du jour qui se couche, la France s'éclipse de nouveau. On dirait qu'elle rougit d'elle-même, et que celui qui la gouverne, honteux de son lâche attentat, tâche de se faire oublier. Cette race aînée disparue de nouveau, la révolution reparaît à son tour : Nous voyons des attentats, des insurrections, des conspirations et des révolutions partout et sans fin, et depuis quarante-deux ans que la lice révolutionnaire est rouverte, les peuples et les rois s'y précipitent avec fureur.

Le besoin de cette race auguste se fait donc sentir impérieusement, puisqu'elle nous guérit par sa présence et nous rend malade à la mort par son absence. Oui, race trois fois auguste ! la France et l'Europe ont besoin de vous; la première pour la préserver de sa propre fureur, et la seconde, pour la sauver du droit triomphant de la force. Nous sommes malades et couchés sur un lit de douleur et, comme autrefois le divin maître au paralytique, nous avons besoin que vous nous disiez : *Tolle grabatum tuum et ambula*: emporte ton grabat et marche, et soudain le paralytique, se levant, marcha, *et plantæ ejus consolidatæ sunt*, et ses jambes furent raffermies. Oui, nous avons besoin d'être raffermis dans la voie nouvelle où nous entrons. Nous avons besoin d'avoir à notre tête un homme fort et vaillant qui nous soutienne et nous montre la voie au lieu d'être obligé de nous gourmander et de nous dire, comme autrefois le roi prophète aux enfants de son peuple: *Flii hominum usquequo gravi corde, ut quid diligitis vanitatem et quæritis mendacium.* O Français, pourquoi avez-vous le cœur appesanti, pourquoi aimez-vous la vanité et recherchez-vous le mensonge!!

DEUXIÈME MANIFESTE

DE M. LE COMTE DE CHAMBORD

La persistance des efforts qui s'attachent à dénaturer mes paroles, mes sentiments et mes actes m'oblige à une protestation que la loyauté commande et que l'honneur m'impose.

On s'étonne de m'avoir vu éloigner de Chambord, alors qu'il m'eût été si doux d'y prolonger mon séjour, et l'on attribue ma résolution à une secrète pensée d'abdication.

Je n'ai pas à justifier la voie que je me suis tracée. Je plains ceux qui ne m'ont pas compris ; mais toutes les espérances basées sur l'oubli de mes devoirs sont vaines.

Je n'abdiquerai jamais.

Je ne laisserai pas porter atteinte, après l'avoir conservé intact pendant quarante années, au principe monarchique, patrimoine de la France, dernier espoir de sa grandeur et de ses libertés.

Le césarisme et l'anarchie nous menacent encore, parce que l'on cherche dans des questions de personnes le salut du pays au lieu de le chercher dans les principes.

L'erreur de notre époque est de compter sur les expédients de la politique pour échapper aux périls d'une crise sociale.

Et cependant, la France, au lendemain de nos désastres, en affirmant dans un admirable élan sa foi monarchique, a prouvé qu'elle ne voulait pas mourir.

Je ne devais pas, dit-on, demander à nos valeureux soldats de marcher sous un nouvel étendard.

Je n'arbore pas un nouveau drapeau, je maintiens celui de la France, et j'ai la fierté de croire qu'il rendrait à nos armées leur antique prestige.

Si le drapeau blanc a éprouvé des revers, il y a des humiliations qu'il n'a pas connues.

J'ai dit que j'étais la réforme ; on a feint de comprendre que j'étais la réaction.

Je n'ai pu assister aux épreuves de l'Eglise sans me souvenir des traditions de ma patrie. Ce langage a soulevé les plus aveugles passions.

Par mon inébranlable fidélité à ma foi et à mon drapeau, c'est l'honneur même de la France et de son glorieux passé que je défends, c'est son avenir que je prépare.

Chaque heure perdue à la recherche de combinaisons stériles profite à tous ceux qui triomphent de nos abaissements.

En dehors du principe national de l'hérédité monarchique sans lequel je ne suis rien, avec lequel je puis tout, où seront nos alliances ! Qui donnera une forte organisation à notre armée ! Qui rendra à notre diplomatie son autorité ? à la France son crédit et son rang.

Qui assurera aux classes laborieuses le bienfait de la paix, à l'ouvrier la dignité de sa vie, les fruits de son travail, la sécurité de sa vieillesse ?

Je l'ai répété souvent, je suis prêt à tous les sacrifices compatibles avec l'honneur, à toutes les concessions qui ne seraient pas des actes de faiblesse.

Dieu m'en est témoin, je n'ai qu'une passion au cœur, le bonheur de la France; je n'ai qu'une ambition, avoir ma part dans l'œuvre de reconstitution qui ne peut être l'œuvre exclusive d'un parti, mais qui réclame le loyal concours de tous les dévouements.

Rien n'ébranlera mes résolutions, rien ne lassera ma patience, et personne, sous aucun prétexte, n'obtiendra de moi que je consente à devenir le roi légitime de la Révolution.

25 janvier 1871.

HENRI.

NOTE DES SEIZE.

(Extrait de l'UNION NATIONALE du 11 juillet 1871.)

Nous recevons à l'instant une nouvelle dépêche faisant suite à celle que nous avons commentée, mais tout aussi inintelligible, puisqu'elle fait allusion à un document que nous n'avons pas reçu, quoi qu'il soit annoncé comme ayant été transmis par le télégraphe aux journaux légitimistes de province.

Dans cette situation, nous devons attendre la communication de ce document.

Voici probablement le document dont l'*Agence Havas* fait tant de bruit. Nos lecteurs jugeront s'il est de nature à indiquer la dissolution du parti légitimiste :

LE MANIFESTE
de M. le comte de Chambord
ET LA DROITE.

Un grand nombre de journaux de la droite, qui se publient dans les départements impriment la note suivante :

« Les aspirations personnelles de M. le comte de Chambord lui appartiennent. De quelque manière qu'on les juge, on ne leur contestera pas un caractère de sincérité allant jusqu'au sacrifice et qui inspirent le respect.

» *Après* comme *avant* ce grave document, les hommes attachés à la monarchie héréditaire et représentative, parce qu'ils y voient une garantie de salut pour le pays, resteront dévoués aux intérêts de la France et à ses libertés.

» Pleins de déférence pour ses volontés, ils ne se séparent pas du drapeau qu'elle s'est donnée, drapeau illustré par le courage de ses soldats et qui est devenu par opposition à l'étendard sanglant de l'anarchie, le drapeau de l'ordre social. »

Il est facile de comprendre que cette note reproduite en même temps par plusieurs journaux de province, est l'expression de la pensée du plus grand nombre de nos amis qui siégent à l'Assemblée.

(*Gazette de France.*)

(*Extrait de l'UNION NATIONALE du 12 juillet 1871, dépêche télégraphique.*)

L'*Union* et l'*Echo Français* demandent pourquoi l'auteur de la note envoyée aux journaux légitimistes n'a pas mis sa signature.

L'*Univers* dit que cette protestation contre le manifeste du comte de Chambord n'est pas œuvre du parti légitimiste, mais seulement de la fraction de ce parti que les idées parlementaires et même révolutionnaires ont depuis longtemps pour alliée.

L'*Univers* cite M. de Falloux parmi les auteurs de la note.

La *Gazette de France* dit que tous les hommes droits, tous les fusionnistes doivent restent unis, malgré l'incident, pour sauver le pays contre les socialistes.

(*Havas.*)

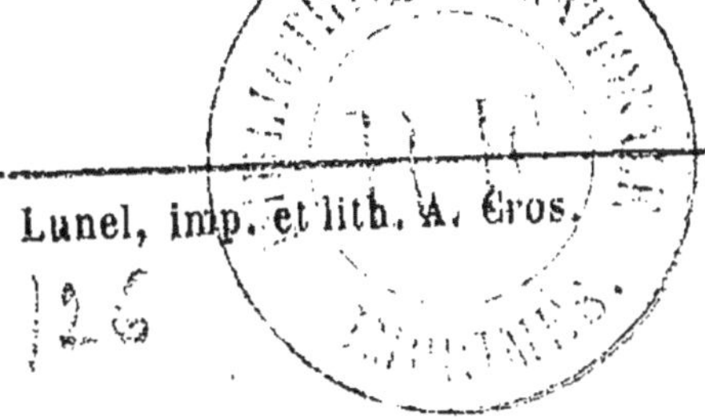

Lunel, imp. et lith. A. Cros.

www.ingramcontent.com/pod-product-compliance
Lightning Source LLC
LaVergne TN
LVHW020331230826
846091LV00003B/831

* 9 7 8 2 0 1 2 9 6 9 7 3 5 *